essentials

essentials liefern aktuelles Wissen in konzentrierter Form. Die Essenz dessen, worauf es als „State-of-the-Art" in der gegenwärtigen Fachdiskussion oder in der Praxis ankommt. *essentials* informieren schnell, unkompliziert und verständlich

- als Einführung in ein aktuelles Thema aus Ihrem Fachgebiet
- als Einstieg in ein für Sie noch unbekanntes Themenfeld
- als Einblick, um zum Thema mitreden zu können

Die Bücher in elektronischer und gedruckter Form bringen das Expertenwissen von Springer-Fachautoren kompakt zur Darstellung. Sie sind besonders für die Nutzung als eBook auf Tablet-PCs, eBook-Readern und Smartphones geeignet. *essentials:* Wissensbausteine aus den Wirtschafts-, Sozial- und Geisteswissenschaften, aus Technik und Naturwissenschaften sowie aus Medizin, Psychologie und Gesundheitsberufen. Von renommierten Autoren aller Springer-Verlagsmarken.

Weitere Bände in der Reihe http://www.springer.com/series/13088

Thomas Deelmann

Consulting und Digitalisierung

Chancen, Herausforderungen und Digitalisierungsstrategien für die Beratungsbranche

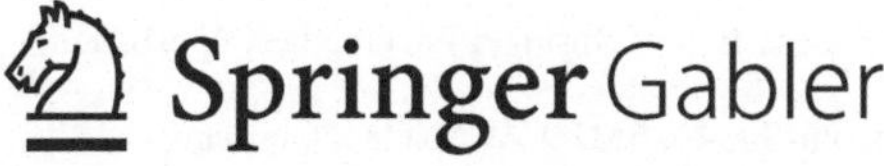

Thomas Deelmann
FHöV NRW
Köln, Deutschland

ISSN 2197-6708   ISSN 2197-6716   (electronic)
essentials
ISBN 978-3-658-26118-4   ISBN 978-3-658-26119-1   (eBook)
https://doi.org/10.1007/978-3-658-26119-1

Die Deutsche Nationalbibliothek verzeichnet diese Publikation in der Deutschen Nationalbibliografie; detaillierte bibliografische Daten sind im Internet über http://dnb.d-nb.de abrufbar.

Springer Gabler ist ein Imprint der eingetragenen Gesellschaft Springer Fachmedien Wiesbaden GmbH und ist ein Teil von Springer Nature
Die Anschrift der Gesellschaft ist: Abraham-Lincoln-Str. 46, 65189 Wiesbaden, Germany

Was Sie in diesem *essential* finden können

- Einen Überblick zu frühen Digitalisierungsversuchen der Beratung sowie ein Stimmungsbild zu ihren aktuellen Herausforderungen und Chancen.
- Eine der Kernfragen für jeden einzelnen Berater (bzw. jede Beratung) mit Blick auf die mögliche Digitalisierung und Automatisierung der Branche.
- Die Beschreibung von drei möglichen Auswirkungen (in Zeit und Intensität) der Digitalisierung als Ankerpunkt für individuelle Überlegungen.
- Fünf idealtypische Geschäftsmodelldesigns im Spannungsfeld von traditioneller („people business") und perspektivischer („durch KI vollautomatisierter") Beratung.
- Einen Handlungsleitfaden mit sieben Schritten für die Entwicklung einer eigenen Digital-Strategie für die Beratungsarbeit.

Vorwort

Automatisierung ist – teilweise unter dem heutzutage notwendigerweise voranzustellenden Begriff der Digitalisierung – ein Schlagwort, welches viele Diskussionen in Wirtschaft, Verwaltung und auch im Privaten beherrscht. Digitalisierung und Automatisierung werden häufig von Beratungen ihren Kunden „verschrieben". Oftmals greifen Beratungen dabei auf Erfahrungen aus der eigenen Organisation zurück: Sie haben neue Arbeitsgewohnheiten erprobt und können diese Erfahrungen nun im Rahmen von Projekten ihren Kunden verkaufen. Vernachlässigt wird zurzeit aber häufig der Gedanke an die Digitalisierung und die darauf möglicherweise folgende Automatisierung der Beratungstätigkeit selbst. Hier setzt der vorliegende Text an. Er skizziert, welche Auswirkungen Digitalisierung und Automatisierung für Beratungen und individuelle Berater haben können, welche Chancen und Herausforderungen sich ergeben und er möchte Zukunftsoptionen aufzeigen und einen Weg bzw. einen Handlungsleitfaden für die Gestaltung eines Weges dorthin vorschlagen.

Kern- bzw. Ausgangspunkt des vorliegenden Beitrages ist es, eine zeitliche Brücke zu einer gut zehn Jahre zurückliegenden Betrachtung unter dem Titel „Internetberatung" sowie den sich ihr anschließenden Ausführungen, die an anderer Stelle erschienen sind, zu schlagen und den Versuch einer aktuelle Zustandsbeschreibung und eines Ausblicks zu wagen. Hierzu wurden verschiedene Überlegungen zu einem neuen oder veränderten Geschäftsmodell der Beratung und den zur Erreichung und Umsetzung dieses Geschäftsmodells hilfreichen Strategien getätigt, diskutiert und schließlich formuliert und publiziert.

Sehr herzlich danken möchte der Verfasser den Betreibern bzw. Verantwortlichen von Blogs und Portalen, die es ermöglicht haben, Teile des vorliegenden Werkes in Vorgängerversionen zur Diskussion zu stellen. Zu nennen (und zu empfehlen!) sind hier: consulting.de, consultantcareerlounge.de und weyand-schreibt.com. Hier also ein „Dankeschön"; zum einen für die Möglichkeit, einzelne Gedanken frühzeitig und zügig zu publizieren, zum anderen für das positive wie kritische Feedback und schließlich für die unkomplizierte Unterstützung bei der Verwendung der Texte!

Mai 2019   Thomas Deelmann

Inhaltsverzeichnis

1 Einleitung 1

2 Ausgewählte „Early Mover" und Begleiter der Digitalisierung 9

3 Aktuelle Stimmungsbilder, Entwicklungen und Chancen 13

4 Eine klärende Frage als Herausforderung für die Profession 23

5 Drei digitalisierungsinduzierte Veränderungsgrade 29

6 Fünf Optionen für ein Beratungsgeschäftsmodell 31

7 Sieben Schritte für die Entwicklung einer Digitalstrategie 33

8 Abschluss 41

Literatur 47

Einleitung 1

1.1 Motivation

„Digitalisierung und Unternehmensberatung" sind als Begriffspaar seit geraumer Zeit kaum mehr voneinander zu trennen. Dass die beratende Zunft in all ihren Arbeitsfeldern feuert, um einschlägige Projekte durchzuführen, ist ja nun keine Neuigkeit mehr. So weit, so gut.

„Digitalisierung" darf aber nicht nur als Beratungsprodukt oder Beratungsgegenstand gesehen werden bzw. als etwas zu dem Berater beraten. Ergänzend kann auch betrachtet werden, ob und wie Beratung selber digitalisiert werden kann!

Berater halten sich mit Einschätzungen eher zurück und zeigen sich konservativ. Selbstverständlich, die schriftliche Kommunikation erfolgt sehr häufig per E-Mail, also digital; ein persönliches Treffen kann per Tele- oder Videokonferenz durchgeführt werden, also ebenfalls digital. Und für die Informationsrecherche und das Wissensmanagement werden elektronische Datenbanken genutzt – auch diese Arbeitsschritte sind also bereits heute schon in Teilen digitalisiert.

Diese graduellen Veränderungen oder Modernisierungen sind nett. Aber interessant wird es erst, wenn man sich einem Gedankenexperiment hingibt und überlegt, wie sich die Situation noch steigern ließe; wenn man also statt „Digitalisierung" von „Automatisierung" sprechen würde – wenn die Kerngeschäftstätigkeit von Beratungen also vollautomatisch ablaufen würde? Dann wäre das „People Business" in seinen Grundfesten erschüttert und auf den Kopf gestellt, da keine „People" mehr „Business" machen würden! Abb. 1.1 stellt die drei Ausprägungen nochmals dar.

Aber wie stehen die Chancen auf eine Automatisierung von Beratungsleistungen? Diese Frage haben verschiedene Berater, Kunden und Marktbeobachter

© Springer Fachmedien Wiesbaden GmbH, ein Teil von Springer Nature 2019
T. Deelmann, *Consulting und Digitalisierung,* essentials,
https://doi.org/10.1007/978-3-658-26119-1_1

Abb. 1.1 Drei Perspektiven von Digitalisierung und Beratung

beantwortet: Berater waren wenig angetan von dieser Aussicht, Kunden waren unentschieden, Marktbeobachter hingegen hielten dies durchaus für möglich.[1]

Kern der jüngsten Automatisierungsdebatte ist ein Beitrag von Frey und Osborne. Sie betrachten, welcher Anteil der in den USA vorhandenen Jobs in den nächsten ein bis zwei Dekaden einer Automatisierung zum Opfer fallen könnten: 47 % war das Ergebnis.[2] Diese Zahl ist häufig zitiert worden, verschiedene Wissenschaftler haben die Untersuchung für andere Länder durchgeführt und Stärken und Schwächen der methodischen Herangehensweise sind aufgezeigt worden. Ein Verbesserungsvorschlag bestand darin, nicht die Automatisierbarkeit ganzer Berufe zu betrachten, sondern diejenige von einzelnen Tätigkeiten. Die Grundidee hinter diesem Ansatz ist, dass Berufe typischerweise sehr facettenreich sind und sich graduell verändern.

---

[1]Vgl. Deelmann (2015a, S. 19–22).

[2]Vgl. Frey und Osborne (2013).

Selbst McKinsey hat eine solche Analyse durchgeführt und Ergebnisse in Textform[3] und als interaktive Grafik[4] publiziert. Leider wurden Berater (z. B. Consultants, Business Consultants, Management Consultants) nicht untersucht. Zufall oder Absicht?

Entweder ist die Beratung wirklich die einzige Branche, die von einer Automatisierung und einer substanziellen Veränderung des Geschäftsmodells nicht betroffen ist, oder es werden (bewusst oder unbewusst) die Augen verschlossen – vielleicht, um die Herausforderungen für die Branche nicht zu sehen. Leider werden dann aber auch die Chancen durch die Automatisierung nicht sichtbar!

1.2 Ziel und Aufbau

Ziel des vorliegenden Textes ist es, die Hintergründe und Rahmenbedingungen, Chancen und Herausforderungen sowie die resultierenden Optionenräume für Strategien und Geschäftsmodelle von Beratungen zu betrachten, welche sich durch die Digitalisierung und eine mögliche Automatisierung ergeben.

Hierzu werden nach diesem einleitenden Kapitel zunächst ausgewählte vorangegangene Digitalisierungs- und Automatisierungsbemühungen kursorisch betrachtet. Kap. 3 beleuchtet dann die aktuelle Situation: Was machen Beratungen im Kontext der Digitalisierung? Wie unterstützen sie ihre Kunden und wie gewinnen sie Digital-Kompetenzen?

Kapitel vier bis sieben versuchen anschließend, die Chancen und Herausforderungen aus der Ausgangssituation sukzessive in ein Framework für eine Digitalisierungsstrategie für Beratungen zu transferieren. Hierbei wird zunächst die eine Kernfrage in den Mittelpunkt gestellt, inwieweit Beratung in der Zukunft derjenigen aus der Vergangenheit ähnelt (Kap. 4)? Anschließend werden pragmatisch drei Optionen für eine individuelle Einschätzung zur Relevanz der Digitalisierung angeboten (Kap. 5), bevor fünf Optionen für ein zukünftiges Geschäftsmodell skizziert werden (Kap. 6). Für den Fall, dass eine neue oder veränderte Strategie notwendig wird, um sich der Gegenwart anzupassen oder auf die Zukunft vorzubereiten, werden im Kap. 7 sieben Schritte präsentiert, die geeignet sind, eine Digitalstrategie zu entwickeln.

Kap. 8 schließt diesen Text mit einer Zusammenfassung, einem Fazit sowie einem Ausblick.

---

[3]Vgl. Chui et al. (2016).

[4]Vgl. McKinsey Global Institute (2016).

1.3 Beratung im engeren und weiteren Sinne

▶ **Definition** Als organisationale Beratung wird ein professioneller, vertraglich beauftragter Dienstleistungs- und Transformationsprozess der intervenierenden Begleitung durch ein Beratersystem bei der Analyse, Beschreibung und Lösung eines Problems des Kundensystems – im Sinne einer Arbeit an Entscheidungsprämissen – mit dem Ziel der Transformation verstanden.[5]

Erläuterungen
Wesentlich bei dieser Definition sind mehrere Aspekte:

Professionalität Mit diesem Kriterium wird Beratung in dem hier verstanden Sinne von einer irgendwie gearteten Hilfestellung oder Unterstützung abgegrenzt.

Vertragliche Beauftragung Ist als ein formales Kriterium zentral, da sie die Beziehung zwischen Beratung und Kunde initialisiert und sich – auch innerorganisatorisch – von einem einfachen Anweisungsverhältnis im Rahmen bestehender Arbeitsverträge abhebt.

Prozess Organisationale Beratung ist – auch im interaktionsärmsten Beratungstyp wie der Gutachterberatung – hier als Prozess gefasst und grenzt sich so von singulären „Ereignissen", wie einmalige Vorträgen, Weiterbildungsveranstaltungen oder Gesprächen ab.

Intervenierende Begleitung Damit ist ein offener Oberbegriff für im Hinblick auf die Interventionen zu unterscheidenden Typen der Beratung bezeichnet, der verschiedene Interventionen wie gutachterliche Beratung, Expertenberatung oder systemische Beratung umfasst. Der Begriff der „Begleitung" grenzt sich von anderen Formen der Zusammenarbeit (z. B. Co-Management) oder ersetzender Arbeit (Interimsmanagement) ab.

---

[5]Notiz: Deelmann et al. (2006) sprechen ursprünglich nicht von einem *Beratersystem* und einem *Kundensystem*, sondern von einem *Beratungssystem* und *Klientensystem*. Im Rahmen der vorliegenden Arbeit wird jedoch eine Umwidmung dahin gehend vorgenommen, dass im Folgenden von einem Beratersystem oder einem Berater gesprochen wird, wenn auf den Leistungserbringer referenziert wird.

Beratersystem Damit wird ein abgegrenztes System – bestehend aus einer oder mehrerer Personen und deren Interaktionsbeziehungen – bezeichnet, das nicht identisch mit dem Kundensystem ist. Im Falle der Externen Beratung ist dies bereits durch eine gesellschaftsrechtlich und wirtschaftlich eigenständige Entität gegeben. Im Falle der Internen Beratung sind hingegen Grenzziehungen in einer Binnenstruktur einer Organisation zentral (i. e. S. einer Abteilung). Wesentlich dabei ist die fehlende direkte Betroffenheit des Beratersystems von einem Problem des Kundensystems – wenngleich eine indirekte Verbundenheit besteht.

Analyse, Beschreibung und Lösung Damit sind die Aufgaben der Beratung beschrieben, wobei hier darauf hingewiesen werden muss, dass grundsätzlich eine Informationsasymmetrie zugunsten des Kunden vorliegt, sodass die Beratung mehr zur Hervorbringung sowie zur Irritation von Selbstbeschreibungen von Problemen und Lösungen des Kundensystems – i. S. einer sokratischen Mäeutik – beitragen muss, als auf Basis eines bloßen Umweltwissen bereits Empfehlungen zu geben.

Problem des Kundensystems Damit soll betont werden, dass es nicht um von dem Beratersystem – möglicherweise ausgehend von der verfügbaren Lösung – projizierte Probleme gehen kann, die vom Kunden zu lösen sind, sondern um eine gemeinsame Erarbeitung von Lösungen für virulente Probleme des Kunden.

Arbeit an Entscheidungsprämissen Der Kunde ist der einzige, der in der Berater-Kunden-Beziehung für die Kundenorganisation entscheiden kann. Beratung trägt zur Vergegenwärtigung, Evaluierung und ggf. Veränderung von in der Vergangenheit bereits entschiedenen Entscheidungsprämissen bei.

Transformation Beratung hat das Ziel, dass in dem Kundensystem eine neue Form im Sinne einer Selbstveränderung des Kundensystems gefunden werden kann.[6]

Unterscheidung von Beratung im engeren Sinne sowie im weiteren Sinne
Die gerade skizzierte Tätigkeit kann als der ursprüngliche Typ von Beratung bzw. als „Beratung im engeren Sinne" (i. e. S.), interpretiert werden.[7]

Demgegenüber zeigt sich jedoch, dass auch Aktivitäten durchgeführt werden, die als Beratung im weiteren Sinne (i. w. S.) bezeichnet werden können.

---

[6]Obige Definition und die Erläuterungen sind mit kleineren Anpassungen Deelmann (2015b, S. 5–7) und dort mit einem Rückgriff auf Deelmann et al. (2006) entnommen.
[7]Oder: Beratung ist, wenn Berater beraten.

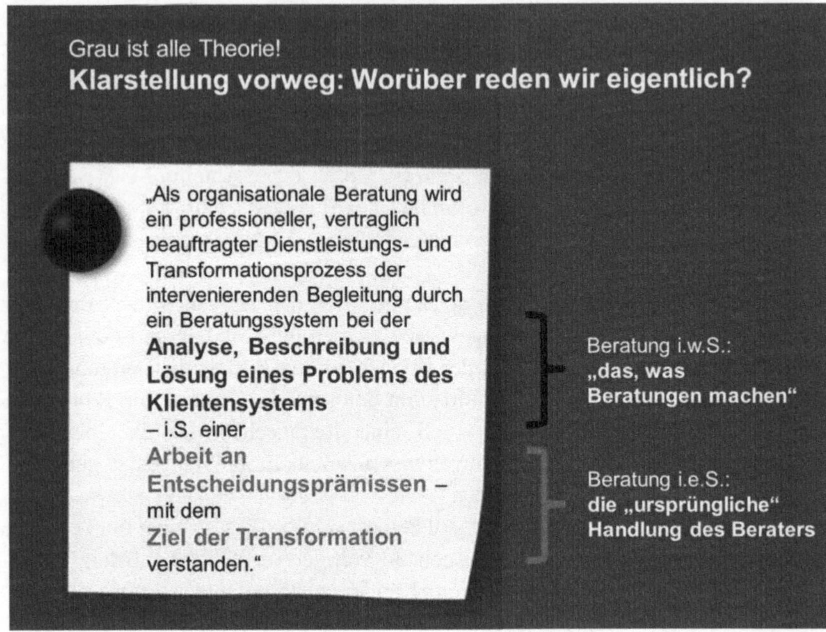

Abb. 1.2 Definition „organisationale Beratung" und Unterscheidung in Beratung im engeren sowie im weiteren Sinne

Hierunter können – salopp ausgedrückt – alle Tätigkeiten verstanden werden, die Berater anbieten.[8] Abb. 1.2 zeigt den Unterschied noch mal auf; weiter unten wird diese Unterscheidung nochmal aufgegriffen und erläutert (vgl. Kap. 4).

1.4   Digitalisierung und Automatisierung

Die Schlagworte Digitalisierung und Automatisierung werden häufig unreflektiert verwendet.

Das deutsche „Digitalisierung" kann im englischen Sprachgebrauch als *digitization* oder *digitalization* interpretiert werden. Ersteres wird oftmals verwendet,

---

[8]Oder: Beratung ist, was Berater machen.

um die Wandlung von analogen Dingen in digitale zu beschreiben. Letzteres ist ein eher modischer und transformativer Begriff.[9]

Wenn im Folgenden von Automatisierung die Rede ist, wird immer die sog. sinnhafte Vollautomation gemeint sein.[10] Hier wird also der von Mertens formulierte Leitgedanke der *sinnhaften Vollautomation,* im vorliegenden Fall für Beratungsleistungen, inklusive seiner Zwischenziele der menschenähnlichen Informationsverarbeitung sowie der menschenzugänglichen Informationsverarbeitung, verfolgt. Der Zusatz „sinnhaft" deutet an, dass der Automatisierungsschritt ggf. erst nach einer Lernfrist von der Allgemeinheit akzeptiert wird.[11] Eine solche sinnhafte Vollautomation hätte zur Folge, dass sich das Geschäftsmodell Beratung, welches oft als ein „people's business" bezeichnet wird, deutlich verändert, da bei einer Automation der Einsatz des bisher dominierenden menschlichen Produktionsfaktors systemimmanent zurückgeht. Veränderte Kostenstrukturen, die zu geringeren Produktionskosten für Anbieter und geringeren Preisen für Nachfrager führen, sind ein sich ergebender Nutzenaspekt der sinnhaften Vollautomation.

---

[9]Vgl. Kluth (2018).

[10]Die folgenden Gedanken und Ausführungen in diesem Abschnitt sind mit Anpassungen bei Deelmann (2009) entnommen.

[11]vgl. Mertens (1995, 2006, S. 42).

2.1 Rückblick: Ansätze zur Digitalisierung und Automatisierung organisationaler Beratung

Auch wenn die jüngste Diskussion um die Digitalisierung von Beratungsleistungen den Anschein erweckt, es vollziehe sich eine disruptive Entwicklung,[1] so darf nicht unterschlagen werden, dass diese Diskussionen auf frühere Überlegungen, Versuche und Umsetzungen zurückgreifen; rund um die Jahrtausendwende z. B. unter dem Schlagwort *Internetberatung*. Im Folgenden werden exemplarisch erste Ansätze aufgeführt, die einen ansteigenden Automatisierungsgrad aufweisen.[2]

- Unter dem Begriff Internetberatung bieten beispielsweise einzelne Anbieter Beratung in spezifischen (Lebens- und Berufs-) Situationen an. Zwei Merkmale sind hier beobachtbar: Die aktiven Anbieter lassen sich zum einen der Kategorie der Einzelberater oder kleineren Beratungsunternehmen zuordnen und sind zum anderen auf Gebieten aktiv, die eine stark personenbezogene, an die Form des Coachings grenzende Arbeitsweise aufweisen. So spricht Lange von einer „Burnout-Prävention-Online" und Wenzel wendet den Beratungsansatz der systemischen Beratung online an.[3] Beide Ansätze weisen eine Nähe zur systemischen Beratung auf und lassen sich eher im weiteren Kontext der Sozialberatung verorten, denn im Umfeld einer traditionellen betriebswirtschaftlichen Beratung.

---

[1]Vgl. Christensen et al. (2013).

[2]Dieser Abschnitt basiert in weiten Teilen auf einer Zusammenstellung in Deelmann (2009).

[3]Vgl. Lange (2008, S. 53), o. V. (2005) und Wenzel (2008).

© Springer Fachmedien Wiesbaden GmbH, ein Teil von Springer Nature 2019
T. Deelmann, *Consulting und Digitalisierung,* essentials,
https://doi.org/10.1007/978-3-658-26119-1_2

- Einen Ansatz zur Prozessstandardisierung und damit Grundlage für eine Automatisierung von Beratungsprozessen bildet das sogenannte Template Driven Consulting. Hierbei werden Fragebögen und Formulare genutzt, um den Beratungsprozess zu standardisieren. Zusätzlich soll durch diese Hilfsmittel der Beratungsprozess von der alleinigen Bearbeitung durch Berater bzw. ihrer einzelnen Ansprechpartner auf Kundenseite auf eine Vielzahl von Mitarbeitern des Kundenunternehmens ausgerollt werden. Der Beratungsprozess wird also dezentraler gestaltet und das Ziel eines stärkeren Wissenstransfers gefördert. Diese Vereinfachung und Standardisierung kann einen wesentlichen Baustein für eine Automatisierung von Beratungsprozessen bilden. Die deutliche Reduktion von Beratungskosten auf der Kundenseite steht bei der Nutzenargumentation ebenfalls im Vordergrund.[4] Auch die Idee des sog. Lean Consulting verfolgt einen ähnlichen Ansatz.[5]
- Einen stärker im Bereich der gutachterlichen Beratung einzuordnenden Ansatz einer sinnhaft voll automatisierten Beratung gibt die Internet Based Consulting-Engine wider. Über einen strukturierten Datensammlungsprozess zu Beginn des Beratungsvorgangs, der über eine Online-Maske durchgeführt wird, eine automatisierte Analyse der eingegebenen Daten, welche wiederum um eine dezentrale Analyse ergänzt werden kann sowie um eine strukturierte Ausgabe von Empfehlungen erfolgt der Beratungsprozess im Wesentlichen internetbasiert. Eine direkte und persönliche Berater-Kunde-Interaktion unterbleibt.[6]

Als Zwischenfazit lässt sich festhalten, dass aus der unternehmerischen Beratungspraxis eine vollständige Umsetzung des Konzepts der Internetberatung bisher noch nicht bekannt geworden ist. Gründe hierfür liegen in den bisherigen Schwierigkeiten einer konzeptionellen und technischen Umsetzung sowie vor allem im bisher genutzten personalintensiven Geschäftsmodell von Beratungen. Der Einsatz von Personal insbesondere in der persönlichen Kunde-Berater-Interaktion stellt ein wesentliches Element des traditionellen Geschäftsmodells dar und würde bei einer sinnhaften Vollautomation naturgemäß deutlich zurückgehen. Hiervon erheblich betroffen sind die wirtschaftlichen Interessen der Beratungsunternehmen.[7]

---

[4]Vgl. Seebacher (2003).

[5]Vgl. Niedereichholz und Niedereichholz (2013).

[6]Vgl.Bätz (2001, insb. S. 262–269).

[7]Vgl. Kieser (2002, S. 24), Deelmann und Petmecky (2005, S. 246), Maister (2003).

2.2   Rückblick: Ansätze zur Digitalisierung und Automatisierung von Problemlösungen in anderen Domänen

Auch wenn sie nicht explizit als „Internetberatung" bezeichnet werden bzw. nicht für das Anwendungsgebiet Beratung konzipiert wurden, so gibt es doch in verschiedenen praktischen Anwendungsbereichen Modelle und Ansätze für eine automatisierte und elektronisch gestützte Beratungstätigkeit. Künstliche Intelligenz, Mass Customization in der Produktionsplanung und -steuerung sowie das sog. Eins-zu-Eins-Marketing lassen sich hier als exemplarische Domänen nennen. Die nachfolgende Auswahl von Konzepten gibt einen Überblick über ausgewählte, im Zeitverlauf erfolgte praktische Umsetzungen, welche sich als für die Internetberatung interessant erweisen und als techno-methodische Ansatzpunkte dienen könnten.

- Weizenbaum hat bereits früh mit „Eliza" ein Programm vorgestellt, dass in der Interaktion über ein Computerterminal Personen regelmäßig das Gefühl vermittelt, mit einem realen Gesprächspartner zu kommunizieren. Anwendungs- und Testgebiet der Eliza-Variante Doctor war die humanistisch-psychotherapeutische Beratung von Einzelpersonen. Erste Reaktionen auf dieses als klassisch zu bezeichnende Beispiel waren so überzeugend, dass Versuchspersonen die computergenerierten und automatisierten Antworten in Schriftform als menschliche interpretiert haben.[8]
- Die automatische Generierung von Handlungsempfehlungen ist ein weiteres Einsatzfeld für Internetberatung. Ein frühes Beispiel hierfür, das methodisch auf dem Konzept von Ist-Analyse und Soll-Ist-Vergleich basiert, ist die Anwendung der PIMS-Methodik (Profit Impact on Marketing Studies). Hierbei wird über die Abfrage von Kennzahlen eines Unternehmens und dem Abgleich mit in einer Datenbank vorhandenen Werten anderer Unternehmen, ein dem Benchmarking verwandter Ansatz verfolgt und dem individuellen Unternehmen Möglichkeiten der Verbesserung der Kostenstruktur aufgezeigt.[9]
- Konfiguratoren im Prozess des Mass Customization verfügen regelmäßig ebenfalls über eine Beratungskomponente. Sie kann aktiviert werden, wenn sich der Kunde im Konfigurationsprozess nicht für einen nächsten

---

[8]Vgl. Weizenbaum (1966).

[9]Vgl. Robert und Bradley (1989).

Gestaltungsschritt entscheiden kann oder will. In diesem Fall greift sie möglicherweise auf Empfehlungen oder getätigte historische Entscheidungen von Dritten zurück. Die Möglichkeit, online ein Auto mit den gewünschten Eigenschaften (Modell, Farbe, Motor, Innenausstattung etc.) sehr individuell zu konstruieren (beispielsweise ca. 500.000 verschiedene Möglichkeiten beim Fiat 500) kann exemplarisch genannt werden.[10]

- Weiterentwicklungen des Ansatzes von Weizenbaum lassen sich in den Avataren von zum Beispiel Online-Shops wiederfinden (vgl. zum Beispiel den Avatar Anna, der Internetbesuchern des Online-Angebots von Ikea bei Fragen hilft[11]). Auch der Transport von Service-Prozessen in eine virtuelle Umgebung, in der Kunde und Dienstleister als Avatar lediglich virtuell miteinander kommunizieren, hierbei aber reale Probleme und Fragestellungen diskutieren, kann als Beispiel angeführt werden.

Obige Beispiele zeigen, dass sowohl Ansätze zur Nutzung des Internets als Transaktionsmedium für Beratungstätigkeiten (die nicht notwendigerweise die Beratung betreffen), als auch Ansätze zur Standardisierung und Automatisierung von expliziten Beratungsprozessen vorhanden sind. Festzustellen ist zudem, dass die Ansätze im Interaktionsfeld von Unternehmen und Endkunden einzuordnen sind, eine Beziehung zwischen zwei Unternehmen liegt lediglich bei der PIMS-Methodik vor. Diese Punkte sollen als Indiz für die Möglichkeit der und Motivation für die weitere Betrachtung von Internetberatung genutzt werden.

2.3   Zwischenfazit

Es kann festgehalten werden, dass Digitalisierung und Automatisierung von Beratungsleistungen kein vollkommen neues Phänomen darstellen. Die Kenntnis der jüngeren und jüngsten Vergangenheit mag hilfreich sein, die aktuelle Entwicklung zu verstehen.

---

[10]Vgl. Scheer (2006).

[11]Vgl. Ikea (2009).

Aktuelle Stimmungsbilder, Entwicklungen und Chancen

3.1 Stimmung: Digitalisierung bei Beratungen und ihren Kunden

Ausgangspunkt: Erste empirische Arbeiten
Zum Stand der Beratungs-Digitalisierung liegen erste empirische Daten vor. 2015 wurden Einschätzungen von Beratern, Kunden und Marktbeobachtern als Ergebnis einer Delphi-Studie zur Diskussion gestellt.[1] 2016 haben Nissen und Seifert in Zusammenarbeit mit dem Bundesverband Deutscher Unternehmensberater e. V. die Ergebnisse einer ersten größeren empirischen Studie veröffentlicht.[2] Seit 2018 ist die Nachfolgestudie verfügbar.[3] Die Lektüre bietet interessante Erkenntnisse, lädt aber auch unter drei Blickpunkten zum Nachdenken ein.

Blickpunkt „Berater": Können die das?
Das Schlagwort „Digitalisierung" trifft Einzelberater wie Beratungskonzerne (mindestens) dreimal – mit ansteigendem Einfluss auf das eigene Geschäftsmodell (siehe oben): Zunächst „nur" als Beratungsgegenstand oder -produkt (z. B. im Rahmen eines Projektes zur Erstellung einer Digitalisierungsstrategie für einen Kunden); dann als pragmatischer Weg, die eigene Effizienz zu steigern (z. B. durch die Nutzung von Videokonferenzen anstelle von Präsenzmeetings); und schließlich als Vorstufe zu einer signifikanten Veränderung des eigenen

---

[1]Vgl. Deelmann (2015a).

[2]Vgl. Nissen und Seifert (2016a, b).

[3]Vgl. Nissen et al. (2018).

Geschäftsmodells (z. B. der Ersatz von menschlicher durch computerisierte Arbeitsleistung).

Beim Blick auf die Daten der Studie kann man provozierend vermerken, dass Berater reden, ihre eigenen Aktivitäten aber nicht (oder kaum) anpassen (vgl. Abb. 3.1). Nur neun von 222 auf die entsprechende Frage antwortenden Beratern (gut vier Prozent) bezeichnen sich selber als (eher) digital affin („Digital Enthusiast" ist die Wortwahl in der Studie und sie werden skizziert als „Beraterinnen und Berater, die für neuartige Technologien hochsensibilisiert und jederzeit bereit sind, ihr Beraterverhalten durch digitale Technologien zu verändern"); knapp 62 % bezeichnen sich als „(eher) Face-to-Face Berater" und gut 34 % als Zwischending oder „Mischform". Dies steht in deutlichem Gegensatz zu der hohen Aufmerksamkeit, die „Digitalisierung" als Beratungsprodukt derzeit genießt. Bemerkenswert ebenso, wie weit Berater ihren Kunden hinterherhinken: Hier geben 18 % an, digitale Enthusiasten zu sein, fünf Prozent bezeichnen sich als klassisch-traditionell und 77 % optieren für die Mitte. Der Leitsatz „Eat your own dog foot" wird anscheinend kaum umgesetzt – und die Frage: „Können die das überhaupt?" erscheint berechtigt!

Blickpunkt „Kunde": Wollen die das?
Im operativen Betrieb ihres Kerngeschäftes und der entsprechenden Weiterentwicklung scheinen die Kundenunternehmen recht progressiv zu sein und sich technischen Neuerungen, auch den so genannten „disruptiven", nicht zu verschließen. Als (nicht überschneidungsfreie) Stichworte für verbreitete Veränderungsaktivitäten seien hier Industrie 4.0, das Internet der Dinge, Preventive Maintenance, Smart Farming, Smart Cities oder Predictive Policing genannt.

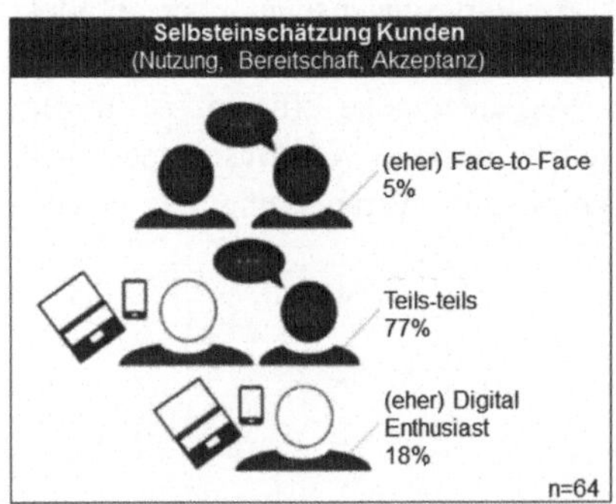

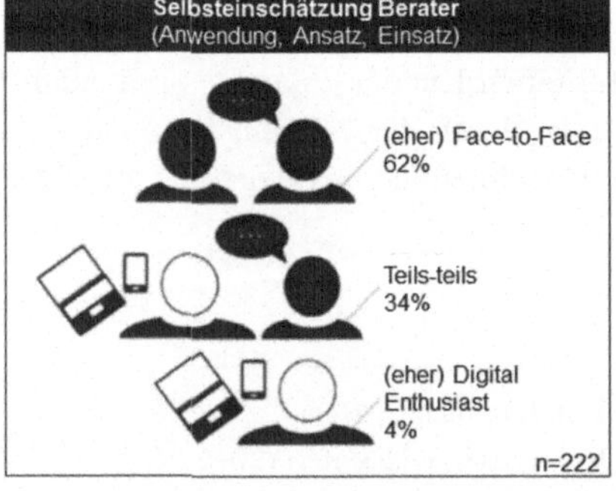

Abb. 3.1 Situation „Beratung und Digitalisierung": Berater hinken ihren Kunden hinterher. (Eigene Darstellung auf Basis von Nissen et al. 2018, S. 16, 34)

Im Bereich der Beratungsdienstleistungen ist jedoch eine gewissen Technik-zurückhaltung zu erkennen: In der Kooperationsstudie wird die Akzeptanz von zwölf Beratungstechnologien abgefragt. Video- und Telefonkonferenzen erhalten bei den befragten Kunden den höchsten Akzeptanzwert (3,7 auf einer Skala von 1 bis 5); eine signifikante Veränderung der operativen Beratungsarbeit könnte z. B. durch Self Service Consulting erfolgen; dies ist die einzige abgefragte Technologie, welche eine größere Veränderung von Art und Form der Zusammenarbeit bedingen würde. Sie erhält jedoch nur einen geringen Akzeptanzwert von 2,8 (dies ist der drittschlechteste).

Die Kundenseite scheint zwar etwas aufgeschlossener zu sein für eine veränderte Art, Beratungsleistungen zu erbringen bzw. zu beziehen, als die Berater-seite.[4] So richtig fortschrittlich sind aber auch ihre Einstellungen nicht. Dies kann als Grund haben, dass Kunden nicht wissen, was technologisch möglich ist (was wohl bezweifelt werden darf …) oder technische Neuerungen in diesem Feld nicht wollen. Wenn sie keine technischen Neuerungen wollen, dann lassen sich dafür mindestens zwei Gründe vermuten: Erstens könnte es sein, dass Kunden ihre Berater nicht ausschließlich für die „klassischen" ratgebenden Beratungsaufgaben einsetzen, sondern sie vielmehr für „artfremde" Zwecke benötigen: Z. B. im Rahmen eines Bodyleasings, als Statussymbol oder als Sündenbock. Zweitens könnte es sein, dass den Kunden Beratung nicht wichtig genug für substanzielle Verhaltensänderungen erscheint: Sie betrachten Beratung schlicht als Dienstleistung, die nur sehr selten bezogen wird und bei den Professionalisierungsbemühungen nicht lohnend scheinen oder sie interpretieren Beratung als beschaffungs-technisches „C-Produkt", dem nicht zu viel Aufmerksamkeit zu Teil wird. Die plakative Frage „Wollen die das überhaupt?" kann zumindest nicht voll bejaht werden.

Blickpunkt „Markt": Wird das was?
Die Digitalisierung in der Beratungsbranche ermöglicht Effizienzsteigerungen. Allerdings sollte die Digitalisierung kein Selbstzweck sein und springt als Solitär auch zu kurz: Es ist ein „same, same – but different" des Bestehenden. Digitalisierung ist an anderen Stellen oft nur eine Vorstufe zur Automatisierung. Durch Telefon- und Videokonferenzen eingesparte Reisekosten sind für Berater- und Kundenseite zwar nett – machen den Kohl aber nicht fett! Mit Blick auf die Ergebnisse der erwähnten Studie kann vermutet werden, dass große Sprünge in der nahen Zukunft nicht zu erwarten sind. Spannend wird es erst, wenn auf Basis

---

[4]Dies deckt sich mit den Ergebnissen bei Deelmann (2015a, S. 19–22).

der Digitalisierung eine Automatisierung der Leistungserbringung erfolgt; wenn also das Geschäftsmodell „Beratung" wirklich disruptiv verändert wird – signifikant, nicht scheibchenweise.

Warum wandeln sich nun aber viele andere Branchen deutlich – die der Beratung hingegen maximal in kleinen Schritten? Den etablierten Beratern auf der einen Seite kann man wohl kaum einen Vorwurf machen: Warum sollten sie ihr eingeschwungenes, erfolgreiches und profitables Geschäftsmodell ohne Not aufgeben und die Gefahr eingehen, auf Umsatz und Gewinn verzichten zu müssen? Ihre Veränderungsträgheit ist also gut nachvollziehbar, aber: Neue Anbieter (ähnlich Uber für die Taxi-, Airbnb für die Hotel- oder Amazon Web Services für die IT-Branche) können Impulse setzen – und weitreichende Veränderungen in der Beratungsbranche initiieren.

Beim Blick auf die Kunden können ebenfalls Ansatzpunkte für eine Beantwortung der Frage gefunden werden (oben kurz genannt: Unwissenheit über technologische Möglichkeiten, artfremder Einsatz von „Beratern" sowie nur ein mäßige Interesse der Kunden an ihren Dienstleistern). Hier erscheint ein Mehr an Professionalität im Umgang mit den Dienstleistern und eine dadurch bedingte Neugierde auf frische Ideen und neue technologische Konzepte gefragt, denn es gilt ja weiterhin: Jeder Kunde bekommt den Berater, den er verdient.

Einschätzung: Digitale Durchdringung oder Diaspora?
Kritisch könnte man also das Vorhandensein von lediglich einer Digital-Diaspora im deutschen Beratungsmarkt feststellen. Welche Begründung hierfür auch passend erscheint – schmeichelhaft scheint für die aktuellen Marktteilnehmer keine von ihnen zu sein. „Wird das überhaupt was?" – Diese Frage sollten sich vor allem die Berater stellen, bevor es jemand anderes macht … und auch eine Antwort findet!

3.2 Beobachtung: Berater als Event-Manager und Reise-Agenturen

Labore und Hotspots
Manche Berater betrachten es als en vogue, „Innovations-Labore" einzurichten oder Touren zu Technologie-Hotspots anzubieten, also zum Beispiel ins Silicon Valley, nach Israel oder nach Indien.

Im Rahmen dieser Aktivitäten wird (potenziellen) Kunden entweder vorgestellt, wie die globale Technik-Elite arbeitet. Alternativ wird eine Umgebung gestaltet, in der Vertreter unterschiedlichster Professionen (Top-Manager, Designer, Produktverantwortliche, Ingenieure etc.) konzentriert und ungestört zusammenarbeiten können.

Eine Frage drängt sich dabei allerdings auf: Sind diese Aktivitäten tatsächlich der Schlüssel für ein „Game Change", ist alles total neuartig und als Vorbote für innovative Arbeitsmodelle zu interpretieren? Oder handelt es sich hier um einen „Hoodie-Hype", bei dem Berater gestandene Führungskräfte an die Hand nehmen und sie in eine fremde Welt führen, damit diese dann ehrfürchtig auf Kapuzenpulli tragende Nerds schauen und hoffen, etwas von dem Neuland-Nimbus aufzuschnappen und anschließend im eigenen Unternehmen selber umsetzen zu können?

Win-win

Schön ist, dass es offensichtlich allen Beteiligten dabei gut geht – eine typische „Win-win-Situation". Weder Berater noch Kunde fühlen sich übervorteilt.

Beratungskunden nutzen die Reisen in ferne Länder und die Kurzausflüge in Labore, um ihre Unsicherheiten in Bezug auf Digitalisierung, disruptive Geschäftsmodelle, agile Zusammenarbeitsmethoden etc. abzubauen. Vielleicht halten sie sich wieder für cool, betrachten sich als Teil dieser Technik-Elite und sehen sich sogar als Veränderungs-Galionsfigur ihres Unternehmens. Sie sind wieder jung, wenn sie den Anzug gegen ein Poloshirt tauschen. Idealerweise fühlen sie sich anschließend erleuchtet und wissen, wie und wohin sie ihr Unternehmensschiff oder ihren Konzerntanker steuern wollen.

Berater wiederum freuen sich, wenn sie in einer neuen und für alle unbekannten (jedoch potenziell profitablen) Situation nach innen und außen ihre Kontur schärfen und sich profilieren können. Für den Kunden bieten sie Orientierung in einer als schwierig und gefährlich wahrgenommenen Situation; durch entstehende neue Aufgabenfelder erhalten Beratungsmitarbeiter die Gelegenheit für „persönliches und fachliches Wachstum" und in einer unklaren Kompetenz- und Rollen-Gemengelage sind es Berater (und nicht etwa Digital-Agenturen oder andere Akteure), die alle Beteiligten an einen Tisch bringen und die Rolle des Netzwerkers mit Über- und Weitblick einnehmen.

Des Kaisers neue Kleider

Betrachtet man dieses Verhalten mit einem gewissen Abstand, dann ist hinter dem Vorhang des aufwendigen Formats oftmals nur wenig strukturell Neues in der Zusammenarbeit zwischen Beratern und Kunden zu entdecken.

Für die Kunden stellen obige Aktivitäten im Kern eine Kreativitätstechnik dar. Der kreative Aspekt scheint bei den Besuchen im Innovations-Labor eine Variation der Ideen des „Management by walking around" (amerikanischer Ursprung) oder „Gemba" (japanischer Ursprung) zu sein. Beide wollen dazu beitragen, dass

Führungskräfte Kontakt zu den Fachleuten und Spezialisten „vor Ort" findet, um neuartige Herausforderungen zu bewältigen und Probleme zu lösen.

Touren, die beispielsweise in das Silicon Valley führen, lassen sich leicht als Spielart des klassischen Best Practice Sharings und Benchmarkings (oder für diejenigen, die eine ungebräuchlichere, aber deutschsprachige Ausdrucksweise bevorzugen: Vergleichsring-Arbeit) identifizieren. Fragen nach „digital & disruptive best practices" stehen hier im Mittelpunkt.

Berater hingegen nutzen Reise-Events und Working-Sessions in Laboren ganz pragmatisch als Baustein ihres Marketing-Mixes, als neues Element für Kundengewinnung und -bindung. Sie bringen damit Abwechslung in ihr traditionelles Vertriebsmaßnahmenportfolio aus Präsentationen, Büchern bzw. White Papers, Referenzennennungen und Geschäftsessen.

„Disruption 4.0" als Durchbruch für die Digitalisierung Deutschlands?
Eine nachhaltige Kulturveränderung erscheint notwendig, damit Organisationen innovativer werden. Der Verzicht auf Krawatte zum Anzug, die Abschaffung von hierarchie- und funktionsgeschlüsselten Telefonnummern sowie von reservierten Parkplätzen für die Bewohner der Chef-Etage ist nicht genug. Sicherlich sind dies erste Schritte, die den Willen zur Veränderung symbolisieren. Aber ohne eine Veränderung von artikulierten und auch ungeschriebenen Werten und Normen (Stichwort: „So machen wir das hier bei uns!") sind die gerade skizzierten Besuche von internationalen Technologie-Hochburgen und die „hands on"-Arbeit in Innovations-Laboren nur kosmetische Maßnahmen und nicht mehr als eine Beschäftigungstherapie mit bestenfalls kurzfristigen Erfolgen.

Hoodie-Hype: Man kann ihm folgen – muss man aber nicht
Was ist nun also die Antwort auf die Frage, ob Besuche in Innovations-Laboren etc. eher den Schlüssel für ein aktives „Game Change" oder eher einen „Hoodie-Hype" darstellen? Zwingend notwendig sind die Aktivitäten wohl nicht. Vielleicht ist das Geld der Kunden auch „zum Fenster rausgeworfen" und die Aktivitäten werden als Feigenblatt-Aktionismus missbraucht. Wenn aber die Dynamik des Hoodie-Hypes genutzt wird, er einen Stein des Anstoßes für umfangreiche Veränderungen darstellt und Berater und Kunden damit glücklich sind, dann sollen sie es halt so machen.

Es ist aber wohl nicht der einzige Weg zum Erfolg – allerdings auch keiner mit Erfolgs-Garantie!

3.3   Aktivitäten: Wege zur gewünschten Digitalkompetenz bei Beratern

Organische oder anorganische Digitalkompetenz (Make or Buy)
„Digitalisierung" interpretieren viele Beratungen als eine Möglichkeit, effizienter zu arbeiten. Unter diesem Schlagwort kann beispielsweise die Vielzahl von „Remote"-Themen einsortiert werden oder auch die „New Work"-Bewegung. Digitalisierung wird von Beratungen aber auch oft als Möglichkeit betrachtet, ihren Kunden bei diesem Hype-Thema als Unterstützer und Begleiter zur Seite zu stehen. Neben den möglichen internen Effizienzgewinnen gibt es also auch eine populäre Digitalisierungs-Welle, die als externer Projekt- und Umsatztreiber dient.

Der hierfür notwendige Kompetenzaufbau kann prinzipiell organisch oder anorganisch erfolgen. Organisch meint hierbei, dass die Entwicklung aus eigener Kraft verfolgt wird. Das scheint allerdings schwierig zu sein: Viele Beratungen sind deutlich digital-averser als ihre Kunden (siehe oben). Daher ist die anorganische Variante, also das Zukaufen von einschlägiger Expertise, derzeit „in Mode" und attraktiv, wie beispielsweise die Keynote des BDU-Präsidenten Ralf Strehlau auf einem Jahrestreffen seines Verbandes[5] und auch einschlägige Presseberichterstattungen vermitteln. Der Kauf von Digital-Beratungen oder -Agenturen scheint also ein Steigbügel zu sein, um kurzfristig in diesen Markt einsteigen zu können.

Man darf aber durchaus Fragen stellen: Was ist dran an der „Kauf-Mode"? Wie läuft ein solcher Kauf ab? Und: Ist dieses Vorgehen nachhaltig?

Ungeprüfte Behauptung: M&A-Boom im Beratungsmarkt
In Fachdiskussionen entwickelt sich manchmal ein Bild, welches suggeriert: Alle halbwegs großen Beratungen kaufen Spezialisten, um selber zu einer Beratung mit Digitalkompetenz zu werden! Die stetige Wiederholung dieser meist (ungeprüften) Aussage führt dann zu einer gewissen Haltung und Erwartung bei Eigentümern, Mitarbeitern sowie Kunden von Beratungen, diese prominent platzierten Übernahmen nachzuahmen; möglichst schnell natürlich – sonst könnte man ja den Anschluss verpassen.

Ein Blick auf die nackten Zahlen hingegen offenbart eine ganz andere Situation: Übernahmen und Fusionen gab es in der Beratungsbranche schon immer und es

---

[5]Vgl. Bundesverband Deutscher Unternehmensberater e. V. (2018).

gibt sie auch heute. Die Quantität hat allerdings nicht spürbar zugenommen. Auch die oft beschworene Konzentration im Markt hat in den letzten Jahren nicht stattgefunden – Der Marktanteil der zehn größten Beratungen ist sogar (soweit Daten vorhanden sind) zurückgegangen.[6]

Typisches Vorgehensmodell: Anorganischer Digitalisierungs-Kompetenz-Erwerb
Der organische Aufbau von Digitalkompetenz erscheint oft mühsam und langwierig. Hierbei müssen einzelne Mitarbeiter der Beratung geschult werden (oder es werden erfahrene Einzelpersonen mit einschlägigen Kompetenzen von Dritten abgeworben), die dann ihr Wissen intern weitergeben und auch in Kundenprojekten punkten können. Der anorganische Erwerb dieser Kompetenzen durch die Übernahme von spezialisierten Beratungen oder Digitalagenturen erscheint manchmal als probate Abkürzung. Dieser Übernahmeprozess verläuft jedoch meist nicht ohne Komplikationen und Konflikte (Typische Sollbruchstelle: Die Höhe des Kaufpreises) und auch die sogenannte Phase der Post Merger Integration (PMI) hat nicht nur eine „Hochzeit im Himmel" schließlich scheitern lassen.

Die M&A-Literatur gibt viele Hinweise für einen erfolgreichen Kauf- bzw. Verkaufsprozess. Im Folgenden wird stark fokussiert und vereinfacht. Das Vorgehen soll anhand von fünf Schritten skizziert werden:

Nach einigen Vorüberlegungen und Untersuchungen erzielen Verkäufer und Käufer i) Einigkeit über den Übernahmepreis und den Kaufgegenstand. Die Bezahlung erfolgt dann ii) häufig unter Berücksichtigung eines „EBIT multiples", d. h. der Käufer bezahlt einen Kaufpreis, der einem mehrfachen des jährlichen Gewinns (z. B. ausgedrückt durch die EBIT) des übernommenen Unternehmens entspricht. Dafür erhält die kaufende Beratung iii) neben der Eigentümerschaft an Bürofläche, Schreibtischen und weiteren dinglichen Aspekten auch die Rechte am Intellectual Property der übernommenen Beratung. Zudem verpflichten sich meist iv) auch die Schlüsselpersonen der gekauften Agentur darauf, für den Käufer zu arbeiten. Häufig sind Gründer, Geschäftsführer, Lead Designer, Senior Developer etc. zu diesem Kreis zu rechnen. Da eine solche Verpflichtung in einem gewissen Kontrast zum Artikel 12 des Grundgesetzes („Berufsfreiheit") steht und die Verkäufer nicht gezwungen werden können, für das übernehmende Unternehmen zu arbeiten, wird häufig v) eine sog. „Earn-out-Klausel" vereinbart: Teile des Kaufpreises werden nach definierten Zeitperioden oder nach dem Erreichen von einschlägigen Finanzzielen gezahlt. Dies führt zu einer Bindung des übernommenen Spitzenpersonals (und signalisiert Dritten gegenüber Kontinuität). Fristen von zwei oder drei Jahren sind regelmäßig zu beobachten.

---

[6]Vgl. Deelmann (2018, S. 84–86).

Leidige Zwickmühle: Should I stay or should I go?

Die übernehmende Beratung sieht sich an dieser Stelle in einer Zwickmühle. Die landläufige Grundüberlegung für einen Digital-M&A lässt sich recht pointiert und plakativ mit „Wir kaufen ein junges, innovatives, digitales, disruptives Unternehmen – und das überträgt (magisch!) seine Einstellungen, Werte und Kompetenzen auf unsere etablierten Berater und auch die Kunden werden uns dafür mögen oder sogar anhimmeln!" skizzieren.

Oft ist diese idealisierte Wunschvorstellung aber nicht zu realisieren. Variante 1: Entweder werden die neuen Digital-Berater eng an die Stamm-Berater gebunden. Dann kann ein Transfer von Digital-Kompetenz von Neu auf Alt stattfinden. Leider kommt es bei den neuen Mitarbeitern aber zu einem kulturellen Konflikt: Sie sehen sich gerade den strukturellen Rahmenbedingungen (Bürokratie!) ausgesetzt, denen sie durch die Gründung oder der Mitarbeit in einer kleinen Beratung entschwinden wollten. Der kulturelle Konflikt wird irgendwann zu groß und die „jungen Wilden" verlassen das etablierte Beratungsschiff und machen (vermutlich direkt nach Ablauf der o. g. Haltefrist) etwas ganz anders (oder das Alte unter neuer Flagge noch mal neu!)!

Variante 2: Oder den Digital-Beratern wird hinreichend viel Freiraum gelassen (Stichwort: Lange Leine! Der Vortrag des etventure-Beraters auf dem oben genannten BDU-Jahreskongress deutete in die Richtung, dass man zwar Teil von EY sei – aber irgendwie auch ganz anders und losgelöst agieren könne.[7]) und sie fühlen sich weiterhin wohl in ihre Digital- oder Innovations-Haut, aber der Funke springt nur sehr spärlich über zu den Kollegen aus den klassischen Beratungsbereichen.

Walking Assets: TANSTAAFL

Digital-Kompetenz erscheint aktuell notwendig, um im Kontakt mit Kundenorganisationen neue Aufträge zu generieren. Der Erwerb ebendieser Digital-Kompetenz auf einem natürlichen, also organischen Wege mag manchmal schwierig sein. Eine einfachere Lösung hierzu wird vielleicht in der Form der Übernahme eines kleineren, dafür aber spezialisierten Beratungshauses gesehen. Aber der Nachteil hierbei liegt in der Flexibilität und Mobilität der übernommenen Ressourcen: In der Regel sind es Menschen, die den Wert einer Beratung ausmachen. Und diese Menschen lassen sich zwar mit Hilfe von z. B. Earn-Out-Klauseln über eine gewisse Zeit an das neue Unternehmen binden, sind

---

[7]Vgl. Bundesverband Deutscher Unternehmensberater e. V. (2018).

aber dennoch so genannte „Walking Assets" – die ihrem Namen im Zweifel ziemlich schnell alle Ehre machen!

Der gerade noch angedachten „Abkürzung" zum Erklimmen des Steigbügels bzw. zum Erwerb von Digitalisierungs-Kompetenzen kann also erwidert werden: TANSTAAFL (There ain't no such thing as a free lunch) oder: Der Erwerb von Digital-Kompetenzen ist zwar durch einen Zukauf oder Firmenübernahme möglich – ein Spaziergang wird dies aber nicht!

Eine klärende Frage als Herausforderung für die Profession

4

4.1 Wie es damals war

„Und? Was machen Sie so beruflich?" Wer *vor einigen Jahren* auf diese Frage mit „Ich bin Consultant" geantwortet hat, dem begegnete oftmals eine sehr ausgeprägte Reaktion. Sie konnte Bewunderung ausdrücken, aber auch Abneigung.

Bewunderung, weil die Branche der Unternehmensberatung aus einer relativ kleinen Gruppe von relativ gut ausgebildeten Menschen bestand, die örtlich (und auch fast zeitlich) ungebunden den großen und mächtigen Unternehmenslenkern der Welt Hinweise zur effizienten Betriebsführung einflüsterten. Consultants konnten also etwas bewegen und für einen wirtschaftlichen Ressourceneinsatz sorgen – als Ausweis für die Attraktivität der Branche denke man an die Höhe der gezahlten Honorare und die Ergebnisse der einschlägigen Umfragen zur Arbeitgeberattraktivität.

Abneigung als Reaktion hingegen war zu beobachten, weil die Branche der Unternehmensberatung aus einer relativ kleinen Gruppe von relativ gut ausgebildeten Menschen bestand, die örtlich (und auch fast zeitlich) ungebunden den großen und mächtigen Unternehmenslenkern der Welt Hinweise zur effizienten Betriebsführung einflüsterten. Die Beratungs-Elite wurde dabei als Synonym für Arbeitsplatzverlagerungen und Entlassungen gesehen – ein Beispiel für diesen Blickpunkt ist Rolf Hochhuths Theaterstück „McKinsey kommt".

© Springer Fachmedien Wiesbaden GmbH, ein Teil von Springer Nature 2019
T. Deelmann, *Consulting und Digitalisierung,* essentials,
https://doi.org/10.1007/978-3-658-26119-1_4

4.2   Wie es werden könnte

Wer *in einigen Jahren* auf die Frage „Und? Was machen Sie so beruflich?" mit „Ich bin Consultant" antwortet, der wird vielleicht ein gleichgültiges und gelangweiltes Achselzucken erhalten. Im besten Falle gibt es eine höfliche Nachfrage à la „Und in welcher Service Line?" oder „Und wie lange dauert es noch bis zur nächsten Promotion?"

Wie aus wenigen viele werden

Der Blick in die Zukunft ist natürlich spekulativ. Die Grundlage für obige Vermutung ist im ersten Schritt rein quantitativer Natur: Im Jahr 2015 gab es in Deutschland laut dem Bundesverband Deutscher Unternehmensberater e. V. (BDU) circa 110.000 Berater. 2005 waren es knapp 70.000, 1995 gut 44.000 und wenn man noch weiter in Vergangenheit schauen will, dann kann man für 1985 mit gut 20.000 Beratern kalkulieren. Mit der Anzahl an Beratern ist auch das Marktvolumen stetig gestiegen (Stichwort: People Business) – im gerade skizzierten Zeitraum von wenigen Millionen DM auf circa 27 Mrd. EUR (vgl. Abb. 4.1).

Allerdings ist dieses Wachstum nicht wirklich verwunderlich: Schließlich wurde die Beratungsnachfrage unter anderem durch die Wiedervereinigung, das sogenannte Jahr-2000-Problem oder jüngst die Digitalisierungswelle angefacht.

Aufschlussreicher erscheint es, das Wachstum des Beratungsmarktes mit der gesamtwirtschaftlichen Entwicklung (ausgedrückt durch das Bruttoinlandsprodukt, BIP) zu vergleichen. Hier ist zu erkennen, dass die Beratungswirtschaft von 1964 bis 2015 fast in allen Jahren stärker gewachsen ist, als die Gesamtwirtschaft; im Durchschnitt um 7,2 Prozentpunkte.

Für die Zeit bis 2030 erwarten Volkswirtschaftler ein jährliches BIP-Wachstum von durchschnittlich circa einem Prozent. Wenn, optimistisch betrachtet, das Wachstum des Beratungsmarktes in den kommenden Jahren die Gesamtwirtschaft wieder um gut sieben Prozent übertrifft, dann kann hier c.p. für 2030 ein Beratungsmarktvolumen von 80 bis 90 Mrd. EUR prognostiziert werden (vgl. Abb. 4.2). Dieses Volumen lässt sich unter Rückgriff auf aktuelle Durchschnittshonorare in circa 360.000 Berater übersetzen (vgl. Abb. 4.3).

(1963-2015, in Mrd. Euro)

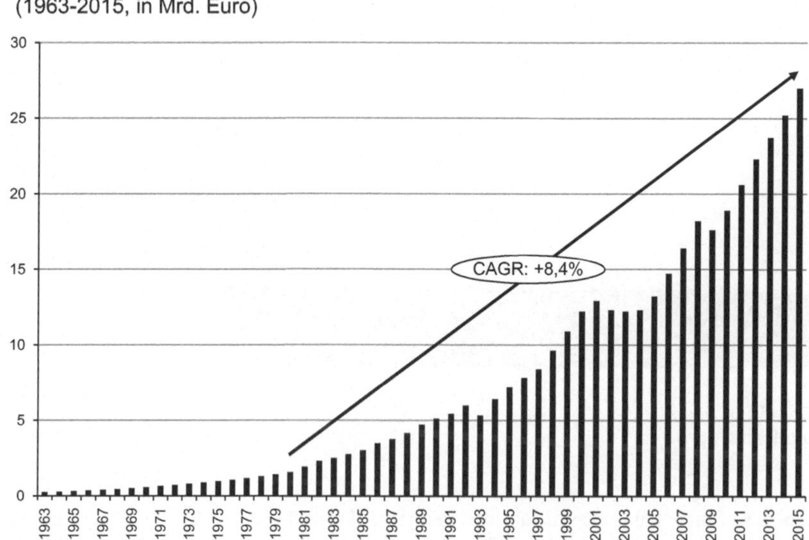

Abb. 4.1 Entwicklung des Beratungsmarktvolumens in Deutschland, 1963–2015 (in Mrd. Euro). (Quelle: Deelmann 2018a, S. 81; siehe auch Deelmann 2018b, S. 2)

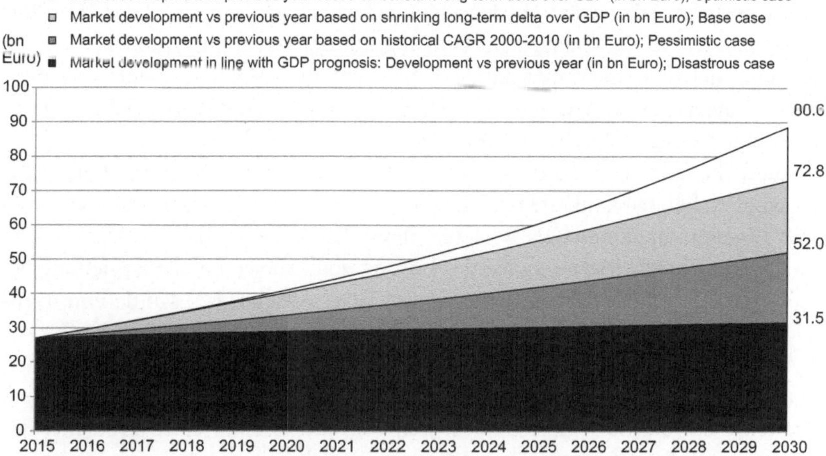

Abb. 4.2 Szenarien für die Entwicklung des Beratungsmarktvolumens in Deutschland, 2015–2030 (in Mrd. Euro). (Quelle: Deelmann 2018a, S. 93)

Annahme: Der Jahresumsatz pro Berater aus 2015 (ca. 245.000 Euro) bleibt konstant …

… dann gibt es in wenigen Jahren viele neue Kolleginnen und Kollegen!

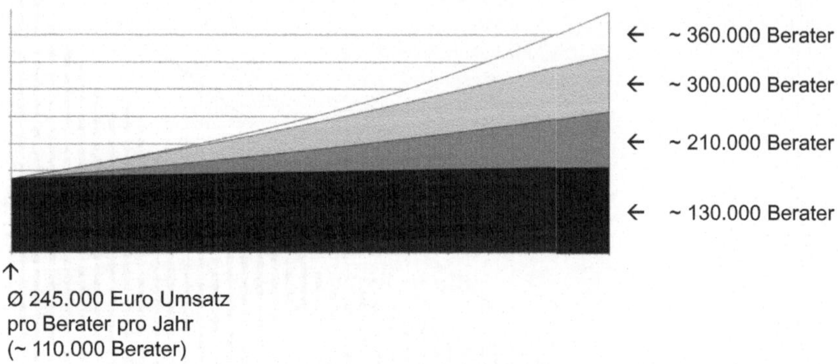

Abb. 4.3 Entwicklung der Anzahl der Berater in Deutschland bis 2030 entlang von vier Szenarien. (Eigene Darstellung und Berechnung auf Basis von Deelmann 2018a, S. 93)

4.3 Was die vielen machen

Dieser Berateranstieg wäre zunächst einmal weder gut noch schlecht. Er führt dabei zu einer Art Gewöhnung im Umgang mit der Consulting-Branche: Es gibt viel mehr aktive Berater, eine große Zahl ehemaliger Berater arbeitet in Unternehmen anderer Branchen und viele Unternehmen haben bereits Erfahrungen in der direkten Zusammenarbeit mit Beratern machen können.

Auswirkungen des Mitarbeiterwachstums werden aber an anderer Stelle sichtbar, nämlich bei den konkreten Aufgaben und Tätigkeiten. Berater selber geben in ihren Eigenpräsentationen als Beispiele ihrer Tätigkeiten gerne das Aussprechen eines Rates, die Unterstützung bei der Lösung von Problemen, die Begleitung bei einer Transformation etc. an. Weiter oben (siehe Abschn. 1.3) wurde eine Definition angeboten, die der Bequemlichkeit halber noch mal wiederholt wird: „Als organisationale Beratung wird ein professioneller, vertraglich beauftragter Dienstleistungs- und Transformationsprozess der intervenierenden Begleitung durch ein Beratersystem bei der Analyse, Beschreibung und Lösung eines Problems des Kundensystems – im Sinne einer Arbeit an Entscheidungsprämissen – mit dem Ziel der Transformation verstanden." Dies wurde als der ursprüngliche Typ von Beratung bzw. als „Beratung im engeren Sinne" (i. e. S.), bezeichnet.

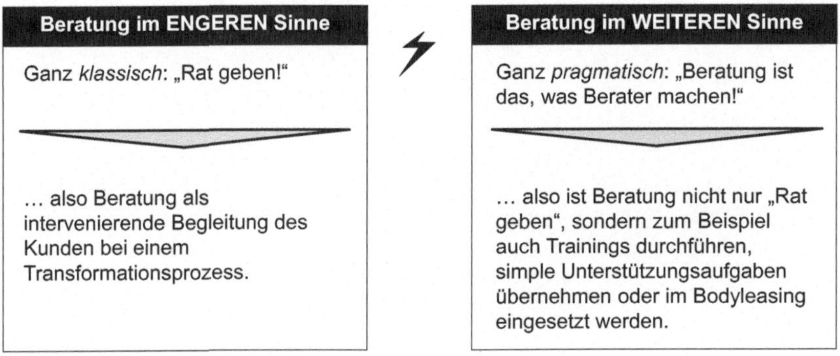

Abb. 4.4 Gegenüberstellung: Beratung im weiteren Sinne vs. Beratung im engeren Sinne

In der Praxis zeigt sich jedoch, dass nicht alle Dienstleistungen, die von Beratungen als „Beratung" angeboten und auch von Kunden nachgefragt werden, den selbstgesetzten Anforderungen genügen. Es wird zwar oft an Problemen des Kunden gearbeitet, aber regelmäßig nicht im Rahmen der oben geforderten „Begleitung" und der „Arbeit an Entscheidungsprämissen": Zu oft liegen andere Formen der Zusammenarbeit vor. Beispiele sind das Co-Management, Interim-Management oder das sogenannte Body Leasing. In Anlehnung an die oben beschriebene Beratung i. e. S. kann hierbei von einer „Beratung im weiteren Sinne" (i. w. S.) gesprochen werden. Beratung ist also das, was Berater machen. Abb. 4.4 stellt beide Ausprägungen noch mal gegenüber.

4.4 Was das für jeden einzelnen bedeutet

Da keine eindeutigen Marktzahlen über die Aufteilung verfügbar sind, kann hier nur vermutet werden, dass perspektivisch der Großteil des Marktwachstums aus Beratung i. w. S. stammt. Für jeden einzelnen Berater bedeutet dies, dass nicht jeder „klassische" Beratungsleistungen, also Beratung i. e. S., durchführen wird, sondern sich viele auch im Body Leasing-Bereich der Professional Services Firms wiederfinden werden.

Der eine Bereich ist nicht besser oder schlechter, als der andere – beide haben ihre Berechtigung, die sich durch die Nachfrage am Markt ausdrückt. Allerdings sollten sich gerade Berufseinsteiger und auch Young Professionals genau überlegen, in welchem Segment sie arbeiten wollen und keinen falschen Illusionen zum Opfer fallen.

Drei digitalisierungsinduzierte Veränderungsgrade

5

Weiter oben wurde bereits über das Hinterherhinken der Berater gegenüber ihren Kunden im Rahmen der Digitalisierung des Leistungserstellungsprozesses berichtet (vgl. Abschn. 3.1). Diese Situation lässt aufhorchen, da Berater ihre Kunden ja auch in Digitalisierungsprojekten unterstützen. Es drängt sich daher die Frage auf, was dieser Rückstand für die Berater bedeutet, welche Optionen für ein Geschäftsmodell für Beratungen (unabhängig, ob es sich um Einzelberater oder größere Organisationen handelt) idealtypisch vorhanden sind sowie mit welchen Strategien agiert werden kann.

Um diese Fragen beantworten zu können, muss jedoch noch eine Frage vorangeschoben werden: Kommt es zu einer Veränderung des zentralen Elements des aktuell gültigen Beratungsgeschäftsmodells durch Digitalisierung und Automatisierung, d. h. verändert sich ein „people business" zu einem (spitz formuliert) „people-free people business"? Drei plakativ formulierte Antwortoptionen werden angeboten:

- *„Ja, in Kürze!"* – Hinter dieser Antwortoption steht die pragmatische Überlegung, dass Beratungsleistungen auch anders als heute üblich erbracht werden können; dass auch andere Branchen recht schnell einer massiven digitalen Veränderung unterworfen wurden; dass es kaum einen sinnvollen Grund gibt, warum andere hochpreisige „Professional Services" zumindest in großen Teilen stark automatisiert werden, Beratung hingegen verschont bleiben soll; und dass z. B. zehn Jahre, in denen viel passieren kann, schnell vergehen.
- *„Ja, irgendwann!"* – Dies ist die klassische mittlere Option für diejenigen die sich sagen, ich erlebe die Veränderung zwar nicht mehr in meiner aktiven Zeit, aber es könnte schon kommen und ich will mein Unternehmen vorbereitet sehen!

© Springer Fachmedien Wiesbaden GmbH, ein Teil von Springer Nature 2019 29
T. Deelmann, *Consulting und Digitalisierung,* essentials,
https://doi.org/10.1007/978-3-658-26119-1_5

- *„Nein, das passiert nicht!"* – Diese Antwortoption ist zu wählen, wenn die Meinung vertreten wird, dass Beratung grundsätzlich nicht digitalisiert werden kann; dass der Beratungsmarkt einfach zu klein ist, damit aktuell aktive Akteure ihre Aktivitäten massiv digitalisieren; oder dass neue Anbieter mit ganz neuen (technischen) Konzepten in den Markt eintreten werden.

Im Falle einer Ja-Antwort stehen Beratungen vor großen Herausforderungen: Sie müssen ihr Geschäftsmodell mehr oder minder stark verändern und benötigen hierfür eine passende Strategie. Optionenräume werden im Folgenden aufgezogen.

Fünf Optionen für ein Beratungsgeschäftsmodell

Eine Strategie möchte in vielen Fällen ein Geschäftsmodell verändern und auf neue Rahmenbedingungen einstellen. In anderen Fällen erscheint eine Strategie ratsam, die das aktuelle Geschäftsmodell beizubehalten versucht, da es sich in der Vergangenheit als erfolgreich erwiesen hat und diese Eigenschaft vermutlich auch in der Zukunft beibehalten wird. Als Geschäftsmodell wird hierbei die verkürzte und fokussierte Beschreibung der ordentlichen Geschäftstätigkeit einer Organisation verstanden. Während eine Strategie die Entwicklung „von A nach B" skizziert, beschreibt das Geschäftsmodell „A" und „B". Die folgende Auflistung bietet fünf Optionen an. Sie können als Antwort auf die Frage, wie ein zukünftiges Beratungs-Geschäftsmodell im Kontext von Digitalisierung und Automatisierung gestaltet werden kann, gesehen werden:

- *„As is"* – Das bestehende Geschäftsmodell erscheint nicht nur aktuell zu funktionieren, sondern wird vermutlich auch in Zukunft erfolgreich sein. Das neue Geschäftsmodell gleicht dem alten und es gibt keine größeren Veränderungen. Dies ist die „Augen zu und durch"-Variante.
- *„Support"* – Die neuen Möglichkeiten durch die Digitalisierung werden in den klassischen Beratungsprozess integriert und unterstützt diese, so wie es z. B. bei den „Solutions" von McKinsey zu beobachten ist.
- *„Hybrid"* – Hier werden zwei Geschäftsmodelle „unter einem Firmen-Hut" verfolgt. Sie werden dem Kunden beispielsweise als Optionen angeboten. Er kann sich entscheiden, ob er bei seiner Beratung eine Unterstützung wünscht, die primär von KI, Big Data etc. dominiert ist (z. B. ein „Techie Paket") oder ob er im Kern „people power" (z. B. im Rahmen eines „Classic Pakets") präferiert. Bei diesem Geschäftsmodell werden beide Angebote offeriert und die Wahl des Kunden erfolgt im Einzelfall.

© Springer Fachmedien Wiesbaden GmbH, ein Teil von Springer Nature 2019   31
T. Deelmann, *Consulting und Digitalisierung,* essentials,
https://doi.org/10.1007/978-3-658-26119-1_6

- *„Spin off"* – Zwei Geschäftsmodelle werden komplett getrennt voneinander vermarktet. Das klassische Geschäft läuft wie bisher weiter und ein neues Geschäftsmodell wird als „Spin off" geführt. Hierdurch werden der Ausgründung auf der einen Seite möglichst viele Freiheiten gegeben. Auf der anderen Seite bleibt bei einem möglichen unternehmerischen oder reputativen Fehlschlag das klassische Geschäftsmodell unbeschädigt.
- *„Pure Play"* – Dies ist der progressiv-vorwärtsgewandte Ansatz in dieser Aufstellung: Das bestehende Geschäftsmodell wird konsequent auf eine erwartete Disruption des Beratungsmarktes ausgerichtet und die Leistungserstellung weitestgehend automatisiert.

Diese fünf Optionen vereinfachen selbstredend stark. Der Form halber könnte auch noch eine „Exit"-Option, d. h. die vollständige Geschäftsaufgabe angeführt werden. Sie würde als Gegenpol zur „As Is"-Variante stehen. Zwischen diesen beiden Polen können die übrigen Optionen, die eine unterschiedlich starke Anpassung des Geschäftsmodells auf die Digitalisierung und Automatisierung reflektieren, einsortiert werden.

Wenn das zukünftige Geschäftsmodell beschrieben ist, dann kann im nächsten Schritt der Weg dorthin, d. h. eine Strategie, entwickelt werden.

Sieben Schritte für die Entwicklung einer Digitalstrategie

7.1 Strategisches Vakuum und der Nutzen einer (Digital-) Strategie

Eine Strategie bzw. das Strategische Management bildet die Grundlage für den gemeinsamen und zielgerichteten Einsatz von Ressourcen einer Organisation,[1] um ein Geschäftsmodell umzusetzen.

Eine Situation, in der eine Strategie nicht vorhanden ist, sie nicht bekannt ist oder sie nicht verfolgt wird, kann als *Strategisches Vakuum* bezeichnet werden (vgl. Abb. 7.1, links).[2] Ein solches Vakuum kann bedeuten:

- Eine unzureichende Orientierung (von z. B. Teams);
- Jede Einheit handelt nach eigenem Ermessen, um ihre eigene Situation oder die (angenommene) Situation der Gesamtorganisation zu verbessern;
- Im Ergebnis gibt es bestenfalls viele lokale Optima;
- Stark ausgeprägte Interessenunterschiede und Konflikte sind wahrscheinlich.

Ist eine Strategie vorhanden, bekannt und wird verfolgt, dann können Kräfte konzentriert werden (vgl. Abb. 7.1, rechts). Dies hat positive Auswirkungen:

- Bessere Orientierung und Ende des „Strategischen Vakuums";
- Jede Einheit kann weiterhin eigenständig, aber im Rahmen der Strategie und zur Erreichung gemeinsamer Ziele arbeiten;

---

[1]Vgl. klassisch: Chandler (1962).

[2]Vgl. Niedereichholz und Niedereichholz (2013, S. 59–60).

© Springer Fachmedien Wiesbaden GmbH, ein Teil von Springer Nature 2019
T. Deelmann, *Consulting und Digitalisierung,* essentials,
https://doi.org/10.1007/978-3-658-26119-1_7

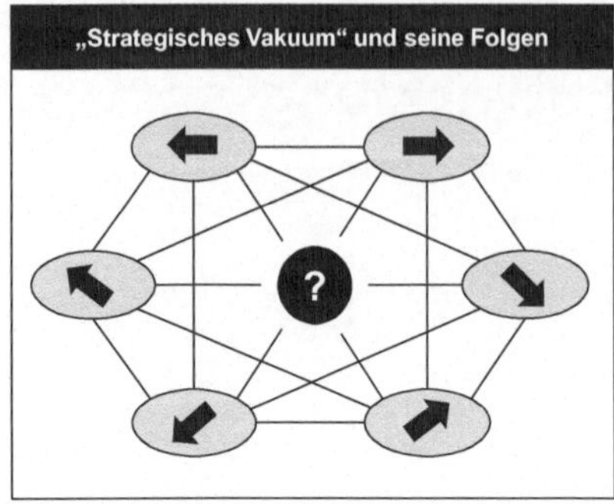

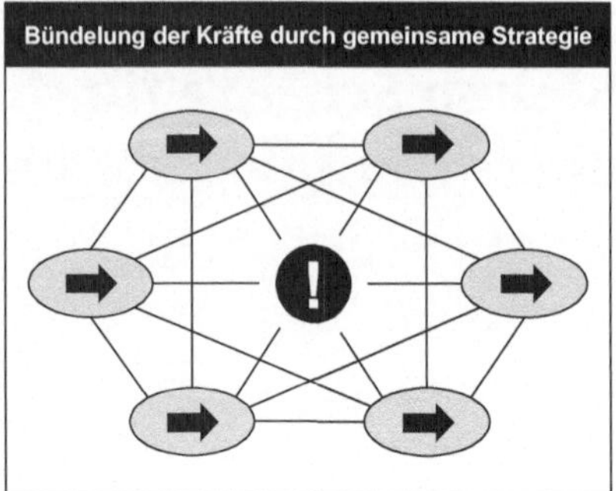

Abb. 7.1 Nutzen von Strategie. (Quelle: Niedereichholz und Niedereichholz 2013, S. 59, 60)

- Im Idealfall wird ein globales Optimum herbeigeführt;
- Auftretende Interessenunterschiede und Konflikte können mit Blick auf die Auswirkungen zur Strategieumsetzung (Zielerreichung und Umsetzung des zukünftigen Geschäftsmodells) ausgeglichen werden.

Viele Beratungen scheinen Schwierigkeiten zu haben, mögliche Implikationen der Digitalisierung einzuschätzen und hier selber zu einer Position zu finden. Im Rahmen einer Digitalstrategie wird untersucht, ob und wie Digitalisierung die eigene Beratung verändert und wie aktiv agiert (oder auf die Entwicklungen reagiert) werden kann. Sieben Schritte werden nachfolgend vorgestellt: Vier für die sorgfältige Entwicklung einer Digitalstrategie und drei für ihre Umsetzung.

7.2   Strategie-Entwicklung

Schritt 1: Blick aus dem Fenster

Der Blick nach draußen, also auf die Umwelt der eigenen Beratung, ist ein guter Startpunkt für die Entwicklung der Digitalstrategie. Diese Perspektive kann dabei viele Facetten aufweisen. Beispiel 1: Aktuell verändert sich das Verhalten der Beratungskunden deutlich, wie verschiedene Teilnehmer des Forschungsprojektes InnoDIB (Innovationsforum Digitale Beratung)[3] bestätigten: Für die Bereitstellung

---

[3]Mündliche Aussagen gegenüber dem Verfasser im Rahmen eines Workshops. Siehe auch die Dokumentation bei AWSi (2018).

von Fachinformationen in Form von Analysen etc. wurde vor kurzem noch bezahlt – heute werden diese Analysen als kostenlose Vermarktungsmaterialien der Berater interpretiert. Beispiel 2: Es gibt aktuell keine Zugangsbeschränkung zum Beratungsmarkt.[4] Hier kann man erwarten, dass es auch zukünftig jedermann, jedefrau und jedem Unternehmen erlaubt sein wird, die ungeschützte Berufsbezeichnung „Berater" zu führen. Dies könnte interessant für neue Anbieter mit neuen Geschäftsmodellen sein.

Beim Blick „aus dem Fenster" lassen sich viele Entwicklungen auf technischen, ökonomischen sozialen und weiteren Gebieten identifizieren, die Einfluss auf die eigene Beratung haben können. Die Herausforderung bei diesem Schritt besteht darin, die wirklich relevanten Aspekte aus der Vielfalt der Beobachtungen und Entwicklungen herauszudestillieren.

Schritt 2: Nabelschau

Neben der Analyse der Umwelt dient auch der Blick auf die eigene Beratung als Grundlage für die weiteren Schritte. Eine der am schwersten zu beantwortenden Fragen wird dabei wohl „Wer bin ich?" sein, also das Herausarbeiten des eigenen Wesenskerns. Ist die getätigte Selbstzuschreibung als Trusted Advisor wirklich tragfähig? Oder wird nicht doch häufiger die solide Rolle des Fachexperten eingenomme? Oder – Hand aufs Herz – sind es eigentlich meist Bodyleasing-Projekte, welche die Beratung de facto wirtschaftlich über Wasser halten? Die Beantwortung dieser Frage kann Schmerzen bereiten, ist aber notwendig!

Aus der Masse der circa 130.000 Berater in Deutschland können einen aber auch weitere Aspekte hervorstechen lassen: Z. B. eine Branchenfokussierung, Technologiekompetenz, besondere Eigenschaften und Einstellungen der Mitarbeiter oder ganz andere Merkmale. Auch die Frage nach der eigenen Kultur muss gestellt werden. Beispielsweise kann kritisch hinterfragt werden, ob das Up-or-Out-System wirklich so strikt ist, wie es immer propagiert wird oder ob die kleinere, sechs Personen starke Beratungspartnerschaft wirklich so partnerschaftlich interagiert, wie es der Name und die Selbstdarstellung behaupten.

McKinsey scheint ein Beispiel für eine Beratung zu sein, die ihren inneren Kern gefunden hat. Die oftmals getätigte Beschreibung als Strategieberatung springt dabei zu kurz. McKinsey agiert vielmehr sehr pragmatisch als Dienstleister für die Herausforderungen des (Top-) Managements ihrer Kunden und hat auf jeweils entsprechende Nachfragesituationen mit Strategieberatung, dem Business

---

[4]Vgl. BDU (2019).

Technology Office, einem eigenen Forschungsinstitut, dem Capability Center für Trainings, einem Joint Venture, den Solutions etc. reagiert.

Im Rahmen des zweiten Schrittes ist die Ehrlichkeit in der Selbstbetrachtung besonders wichtig. Hier zählt nicht, was auf der Visitenkarte steht („Berater – Trainer – Coach"), sondern das, was die Beratung wirklich macht, was sie wirklich kann, was sie aus der Masse hervorhebt. Nicht mehr – aber auch nicht weniger als der Wesenskern.

Schritt 3: Optionen für das Geschäftsmodell entwickeln & eine Auswahl treffen

Im dritten Schritt werden die Analyseergebnisse aus den beiden ersten Schritten konsolidiert und kombiniert: Die eigene Beratung wird also in den Kontext der Umwelt gestellt. Dazu müssen auch Einschätzungen z. B. zur Eintrittswahrscheinlichkeit und -geschwindigkeit einer Digitalisierung der eigenen Beratungstätigkeit getroffen werden.

Auf dieser Basis wird dann das zukünftige Geschäftsmodell gestaltet. Regelmäßig wird suggeriert, es gäbe hier narrensichere Patentlösungen – leider ist das zumeist nicht der Fall. Tatsächlich gehört die Geschäftsmodell-Gestaltung mit all ihrer notwendigen Kreativität und den zugehörigen Unsicherheiten („Haben wir auch wirklich alles berücksichtig?") zu den vornehmsten Aufgaben der Geschäftsleitung.

Als Impuls und zur Anregung der Kreativität lassen sich für die Digitalisierung von Beratungen dennoch fünf idealtypische Ausprägungen identifizieren (siehe oben). Die Bandbreite reicht von „Augen zu und durch" (das klassische „As is"-Szenario) über einen Hybrid-Ansatz bis zu einem „Pure Play", bei dem alles auf die Digitalisierungs-Karte gesetzt wird.

Moody's Analytics beispielsweise arbeitet an der Automatisierung eines Prozesses, der die Sichtung von Geschäftsberichten nach einschlägigen Kennzahlen und Tabellen umfasst. Diese sehr arbeitsintensiven Tätigkeiten, die bisher insbesondere von Berufseinsteigern übernommen wurden, entfallen nun und die aufwendige Analysephase wird schneller, kostengünstiger und durch Rückkopplungsschleifen auf Dauer auch weniger fehleranfällig.

Die Herausforderung im dritten Schritt besteht darin, dass die große Menge an Daten und Informationen aus den ersten beiden Schritten massiv verdichtet und eine Entscheidung für ein konkretes zukünftiges Geschäftsmodell getroffen werden muss.

Schritt 4: Veränderungen durchdenken. Mit allen Auswirkungen!
Nach der Definition des Ziel-Geschäftsmodells ist nun der Weg dorthin zu beschreiben. Dieser Weg wird gemeinhin als „Strategie" bezeichnet. Hierbei sind die vielfältigen Auswirkungen von und Wechselwirkungen zwischen einzelnen Maßnahmen zu beachten. Möchte man es z. B. den Online-Händlern, die große Teile der Aktivitäten rund um den klassischen Verkaufsprozess an den Kunden ausgelagert haben, gleich tun, so können mit Hilfe des Template Driven Consultings oder eines Self-Service-Consulting-Angebots Teile der Analysephase an den Kunden abgegeben werden (ihnen wird dies durch geringere Beratungskosten schmackhaft gemacht). Diese Entscheidung hat dann allerdings Auswirkungen auf die Aufgaben und Auslastung der bisherigen (Junior-) Berater, was wiederum Auswirkungen auf die benötigte Personalpyramide hat. Diese beeinflusst die Recruiting-Aktivitäten, die Aufstiegschancen einzelner Berater sowie die Ausgestaltung der notwendigen Performance-Evaluation für Beförderungen. Auch die Neugestaltung der Berater-Kunden-Beziehung, des Leistungsversprechens, des notwendigen Kulturwandels und so weiter und so fort müssen dabei berücksichtigt werden.

Deutlich wird, dass in diesem Schritt die Berücksichtigung der mannigfaltigen Interdependenzen den kritischen Punkt bildet.

7.3   Strategie-Umsetzung

Schritt 5: Change …
Vermutlich sind die Fälle, in denen Strategiepapiere formvollendet formuliert werden, nur um dann in einer Schreibtischschublade zu landen, keine Seltenheit. Wichtig ist es daher, die Veränderungen auch tatsächlich anzustoßen und mit der Strategieumsetzung zu beginnen. Damit dies nicht völlig planlos erfolgt und für mehr Irritationen als Klarheit sorgt, ist die Veränderung zu planen. Überlegt werden kann beispielsweise, ob die Veränderung im klassischen Wasserfallvorgehen erfolgen soll oder in Form einer der gerade modernen agilen Verfahren sowie welche Zwischenziele und Erfolgsmarken gesetzt werden. Auch Fragen der Kommunikation (Wer? Wann? Was? Für wen? Nur Erfolge? Oder auch Misserfolge? etc.) müssen angedacht werden. Oberflächlich betrachtet lassen sich diese Fragen einfach und technokratisch-sachlich beantworten.

Als überaus relevant zeigt sich jedoch ein weiterer Punkt: Bei allen Veränderungsaktivitäten muss die in der Beratung herrschende Kultur berücksichtig werden, sonst verlaufen sie im sprichwörtlichen Sande. Oder wie es das Peter Drucker zugeschriebene Bonmot ausdrückt: „Culture eats strategy for breakfast!" („… and digitalization for lunch!", wie man ergänzen könnte.)

An dieser Stelle ist also die simple Tatsache zu berücksichtigen, dass sich auch eine Digitalstrategie immer um Menschen (z. B. Mitarbeiter, Partner, Kunden)[5] dreht.

Schritt 6: … & Control

Die Umsetzung einer Digitalstrategie ist selbstredend auch kritisch zu beobachten und zu kontrollieren. Neben dem Gesamtziel sind hierbei auch die im fünften Schritt herausgearbeiteten Zwischenziele und Erfolgsmarken hilfreich. Aber auch andere Kontrollpunkte können definiert werden, um den Fortschritt zu messen. Kleinere Beratungen beschränken sich eventuell auf einige wenige Kennzahlen (z. B. Anteil genutzter Automatisierungsservices, Umsatzanteil mit digitalen Services), größere Beratungen wollen vielleicht zusätzlich noch die Stimmung oder die Akzeptanz für die Digitalisierung bei Beratern und Backoffice-Mitarbeitern messen. Aber auch die Nachhaltigkeit von Veränderungen ist wichtig und damit zu kontrollieren.

So wurden zuletzt mehrere Digitalagenturen von zumeist größeren Beratungen gekauft. Was auf den ersten Blick nach einem schönen Erfolg aussieht (Schlagwort: Kompetenzgewinn), mag nach z. B. drei Jahren, wenn eine Halte- oder Bleibefrist für die Kernmannschaft des übernommenen Unternehmens ausläuft, vielleicht ganz anders aussehen. Dann sind nämlich alle Earn-Out-Klauseln erfüllt und die sogenannten Walking Assets machen ihrem Namen alle Ehre (vgl. Abschn. 3.3).

Die Kontrolle der Umsetzung einer Digitalstrategie kann ihren Erfolg zwar nicht garantieren – aber sie macht zumindest schneller auf mögliche Abweichungen aufmerksam.

Schritt 7: Von vorne beginnen

Die Fußballer-Weisheit von Sepp Herberger „Nach dem Spiel ist vor dem Spiel!" kann auf die Beratung leicht übertragen werden. Nicht über eine Digitalstrategie nachzudenken erscheint fahrlässig – einen einmal eingeschlagenen Weg niemals zu hinterfragen und ihm auf immer und ewig blind zu folgen aber ebenfalls.

Die Digitalisierung der Beratung (und hier ist, um das noch mal in Erinnerung zu rufen, der Kern-Beratungsprozesses gemeint und nicht die Option z. B. über Videokonferenzen mit dem Kunden zu kommunizieren) scheint sich noch nicht sehr weit vom Anfang weg bewegt zu haben – es sind daher noch viele kleinere und größere Entwicklungen zu erwarten. Gleichzeitig steigt die Zahl der Berater

---

[5]So der Hinweis von Balis (2017).

seit Jahren deutlich an, was zu dem Schluss führt, dass zu den gestern ausgeübten Tätigkeiten morgen noch ganz andere hinzukommen werden.

Dringend angeraten ist es, den Strategiezyklus nicht nur einmalig zu durchlaufen, sondern ihn in regelmäßigen Abständen zu wiederholen und mit den Erkenntnissen aus dem letzten Zyklus wieder bei Schritt 1 zu starten. Ein solcher Neustart kann z. B. alle drei Jahre erfolgen (dann setzt man bei „Null" auf und beginnt ganz von vorne mit dem sprichwörtlichen weißen Blatt Papier) oder jährlich wiederkehren (bei einem solchen sogenannten rollierenden Verfahren wird typischerweise geschaut, ob sich an den Analyseergebnissen und Prämissen aus den ersten Schritten etwas geändert hat und wie sich diese Änderungen auf die folgenden Schritte auswirken). Aber auch ein „Always on"-Strategieprozess, bei dem fast in Echtzeit (kleinere) Anpassungen von Strategie und Geschäftsmodell vorgenommen werden, ist möglich, ebenso wie ein „Trigger-Verfahren", bei dem neue Strategiearbeit geleistet wird, wenn größere Veränderungen notwendig erscheinen oder Herausforderungen sichtbar werden.

Die Herausforderung in diesem Schritt ist, die passende Zykluslänge zu finden, die sowohl der Umwelt und ihren Entwicklungen, als auch der Organisation mit ihren Eigenarten gerecht wird. Aber alle Gedanken legen die Aufforderung nahe: Start again!

Abschluss

8

8.1 Zusammenfassung

Der vorliegende Beitrag hat nach einem einleitenden Abschnitt zunächst einen Blick zurück geworfen. Kursorisch sind a) erste Bemühungen zur Digitalisierung von Beratungsleistungen betrachtet worden; sie reüssierten oft unter der Bezeichnung „Internetberatung". Kurz betrachtet wurden auch b) Ansätze zur Automatisierung von Problemlösungsfragestellungen, die zwar aus anderen Domänen stammen, aber hilfreich für die Veränderung der Beratungsbranche zu sein scheinen.

Im Anschluss an diese Rückschau wurden aktuelle Stimmungsbilder gesammelt und ausgewertet. Festgestellt werden konnte ein Rückstand der Berater gegenüber ihren Kunden bei der Digitalisierungsaffinität für die Leistungserbringung.

Um die sich hieraus ergebende Frage „Was bedeutet der Rückstand in der Eigendigitaliserung für Berater?" beantworten zu können, sind zwei Optionenräume aufgezeigt worden: Zum einen im Rahmen der Frage, ob der Rückstand überhaupt Relevanz hat und wie er aufgeholt werden kann; und zum anderen mithilfe der Frage, welche Optionen für die Entwicklung des bestehenden Beratungs-Geschäftsmodells vorhanden sind.

Die Antworten auf die Fragen und der Umgang mit ihnen sind situationsabhängig. Zudem ist der Hinweis angebracht, dass es sich bei den beiden gerade aufgezeigten Optionenräumen um relativ einfache Modelle handelt: In der „Kommt das?"-Überlegung wird beispielsweise eine Mikro-Ebene (d. h. die eigene Vermutung bzw. die strategische Wette des eigenen Unternehmens) in den Vordergrund gerückt und die Makro-Ebene (Zum Beispiel: Was machen die Wettbewerber? Was wollen die Kunden? Wie entwickeln sich Technologie und Regulierung?) wird nur implizit berücksichtigt. Auch sollte bei der „Was mache ich?"-Frage z. B. berücksichtigt werden, wie das bestehende Geschäftsmodell

© Springer Fachmedien Wiesbaden GmbH, ein Teil von Springer Nature 2019   41
T. Deelmann, *Consulting und Digitalisierung*, essentials,
https://doi.org/10.1007/978-3-658-26119-1_8

gestaltet ist, welcher (Eigen-und/oder Team-) Veränderungswille vorhanden ist oder wie sich die kulturellen Voraussetzungen für die unterschiedlichen Veränderungsoptionen darstellen. Unbeschadet dessen: Beide Fragen sind zu stellen – und zu beantworten!

Diese Antwort ist selbstredend in jedem Einzelfall neu zu erarbeiten. Ist dieser Schritt allerdings getan, so helfen die sieben Schritte zur Strategieentwicklung, die im letzten Teil des Textes präsentiert wurden. Sie bieten einen strukturierten Ansatz, um einen individuellen Weg zu erarbeiten. Dieser Weg kann das aktuelle Beratungsgeschäftsmodell, welches oftmals noch „people business"-orientiert ist, auf die neuen Rahmenbedingungen vorbereiten.

8.2   Fazit

Der vorliegende Text hat sich zum Ziel gesetzt, die Hintergründe und Rahmenbedingungen, Chancen und Herausforderungen sowie die resultierenden Optionenräume für Strategien und Geschäftsmodelle von Beratungen zu betrachten, die sich durch die Digitalisierung und eine mögliche Automatisierung ergeben.

Zumindest auf einer konzeptionellen Ebene darf dieses Ziel als erreicht betrachtet werden: Der aktuelle Stand der Entwicklungen und Diskussionen wurde aufbereitet, die Historie nicht negiert, Prognosen geliefert und Handlungsleitfäden ausgegeben.

Diese Aussagen scheinen im Grundsatz geeignet, eine Beratungsorganisation mit Werkzeugen auszustatten, damit sie sich den aktuellen Herausforderungen stellen kann. Gleichzeitig limitiert dies selbstredend auch die Leistungs- und Unterstützungsfähigkeit dieses Textes: Er gibt zwar Anregungen und Hilfestellungen, aber keine individuelle Lösung.

8.3   Ausblick

Genau solche Lösungen sollen in Zukunft erarbeitet, erprobt und natürlich auch wieder zur Diskussion gestellt werden. Dies kann in Form von Best Practices, Case Studies, Forschungsprojekten, informellen Gesprächen, Diskussionsrunden, Expert Talks, Hintergrundgesprächen, Studien und so weiter und so fort geschehen.

Zum Abschluss des Textes daher die Einladung zur Zusammenarbeit: Bei Interesse nehmen Sie bitte Kontakt auf durch eine kurze E-Mail an thomas.deelmann@fhoev.nrw.de – vielen Dank!

PS: Diese Adresse können Sie natürlich auch für andere Rückmeldungen (konstruktive Kritik, Anregungen, Lob …) nutzen!

Was Sie aus diesem *essential* mitnehmen können

- Digitalisierung und Automatisierung sind nicht nur Schlagworte mit denen Beratungen ihren Kunden Dienstleistungen verkaufen. Sie sind auch nicht nur Hebel, um die beratungsinterne Leistungserbringung effizienter zu gestalten. Sie können gleichzeitig Treiber für eine massive Veränderung der Branche, d. h. ihrer Arbeitsweise und ihres Selbstverständnisses, sein.
- Auch wenn aus Berater- und Beratungssicht diese Aktivität als neuartig erscheint, so gibt es dennoch Vorläufer und es erscheint sinnvoll, sie zu untersuchen und von ihnen zu lernen.
- Wesentlich sind drei Fragen: 1) Wie schätze ich persönlich die Entwicklung der Berater-Profession ein? 2) Wie intensiv und wie schnell werden Digitalisierungsveränderungen auf die Branchen Einfluss nehmen? 3) Welche idealtypischen Optionen habe ich für mein eigenes Geschäftsmodell in dieser neuen Situation?
- Vor dem Hintergrund der individuellen Antwort auf diese drei Fragen muss eine eigene Zukunftsposition gefunden werden.
- Um diese zukünftige Position auch erreichen zu können, erscheint es notwendig und auch hilfreich, sieben Schritte zu gehen, um anschließend eine personalisierte Strategie zu haben, welche Consulting und Digitalisierung, also „people business" und „automation", kombiniert und dabei sowohl Chancen, als auch Herausforderungen berücksichtigt, um schließlich auch in Zukunft wettbewerbsfähig zu sein.

© Springer Fachmedien Wiesbaden GmbH, ein Teil von Springer Nature 2019   45
T. Deelmann, *Consulting und Digitalisierung,* essentials,
https://doi.org/10.1007/978-3-658-26119-1

Literatur

AWSi (2018) Innovationsforum Digitale Beratung vom AWS Institut – InnoDIB. https://www.aws-institut.de/innodib/. Zugegriffen: 17. Nov. 2018

Balis (2017) The best digital strategies focus on humans. Version vom 10.10.2017. https://consulting.ey.com/best-digital-strategy-human/. Zugegriffen: 23. Febr. 2019

Bätz O (2001) Internetbasierte Abwicklung von Consulting-Projekten und -Analysen im Umfeld betrieblicher Softwarebibliotheken. Diss., Univ. Würzburg.

Bundesverband Deutscher Unternehmensberater e. V. (BDU) (2018) Rückblick Deutscher Beratertag 2018. https://www.bdu.de/services/wie-wir-berater-unterstuetzen/kongresse-und-konferenzen/rueckblick-beratertag-2018/. Zugegriffen: 23. Febr. 2019

Bundesverband Deutscher Unternehmensberater e. V. (BDU) (2019) Zertifizierung CMC, San-CMC und CERC. https://www.bdu.de/services/wie-wir-unternehmen-unterstuetzen/zertifizierungen/. Zugegriffen: 23. Febr. 2019

Chandler AD (1962) Strategy and structure. MIT Press, Cambridge

Christensen CM, Wang D, Bever D (2013) Consulting on the Cusp of Disruption. Harvard Business Review, October 2013. https://hbr.org/2013/10/consulting-on-the-cusp-of-disruption. Zugegriffen: 23. Febr. 2019

Chui M, Manyika J, Miremadi M (2016) Where machines could replace humans – and where they can't (yet). McKinsey Quarterly, July 2016. http://www.mckinsey.com/business-functions/business-technology/our-insights/where-machines-could-replace-humans-and-where-they-cant-yet. Zugegriffen: 23. Febr. 2019

Deelmann T (2009) Internetberatung – Einige Überlegungen zu Möglichkeiten einer sinnhaften Vollautomation von Beratungsleistungen. In: Proceedings zur „Informatik 2009 – Im Fokus das Leben", Lübeck, 28.09.-02.10.2009. Lecture Notes in Informatics (LNI), P-154, S 482–485

Deelmann T (2015a) Managementberatung in Deutschland – Grundlagen, Trends, Prognosen. Springer Gabler, Wiesbaden

Deelmann T (2015b) Beratung – Beschreibung von Begriffen und Beziehungen. In: Deelmann T, Ockel DMO (Hrsg) Handbuch der Unternehmensberatung. Schmidt, Berlin, S 1101

Deelmann T (2018a) Does digitization matter? Reflections on a possible transformation of the consulting business. In: Nissen V (Hrsg) Digital transformation of the consulting industry. Springer, Cham/CH, S 75–99

Deelmann T (2018b) Consulting in Zahlen, 5. Aufl. epubli, Berlin

© Springer Fachmedien Wiesbaden GmbH, ein Teil von Springer Nature 2019

T. Deelmann, *Consulting und Digitalisierung,* essentials,

https://doi.org/10.1007/978-3-658-26119-1

Deelmann T, Petmecky A (2005) Optionenraum für Geschäftsmodell, Strategie, Aufbau- und Ablauforganisation einer Unternehmensberatung. In: Petmecky A, Deelmann T (Hrsg) Arbeiten mit Managementberatern. Heidelberg, Berlin, S 245–255

Deelmann T, Huchler A, Jansen SA, Petmecky A (2006) Internal Corporate Consulting – Thesen, empirische Analysen und theoriegeleitete Prognosen zum Markt für Interne Beratungen. zu|schnitt 005, Diskussionspapiere der Zeppelin University, Nr. 5, Friedrichshafen.

Frey CB, Osborne MA (2013) The future of employment – how susceptible are jobs to computerisation? http://www.oxfordmartin.ox.ac.uk/downloads/academic/The_Future_of_Employment.pdf. Zugegriffen: 23. Febr. 2019

IKEA (2009) Startseite; JavaScript Pop-up „Anna". http://www.ikea.com/de/. Zugegriffen: 6. Apr. 2009

Kieser A (2002) Wissenschaft und Beratung. In: Schriften der Philosophisch-historischen Klasse der Heidelberger Akademie der Wissenschaften, Band 27. Heidelberg, Universitätsverlag C. Winter

Kluth A (2018) German „Digitalisierung" versus American innovation. https://www.handelsblatt.com/today/opinion/10-kinds-of-people-german-digitalisierung-versus-american-innovation/23581228.html. Zugegriffen: 23. Febr. 2019

Lange DO (2008) E-Mail-Hilfe beim Burnout. IT Freelancer Magazin 2008:6

Maister D (2003) Managing the professional service firm. Simon & Schuster, London

McKinsey Global Institute (2016) Automation potential and wages for US Jobs. https://public.tableau.com/profile/mckinsey.analytics#!/vizhome/AutomationandUSjobs/Technicalpotentialforautomation?cid=other-eml-alt-mgi-mck-oth-1512. Zugegriffen: 23. Febr. 2019

Mertens P (1995) Wirtschaftsinformatik – Von den Moden zum Trend. In: König W (Hrsg) Wirtschaftsinformatik '95 – Wettbewerbsfähigkeit, Innovation, Wirtschaftlichkeit. Physica, Heidelberg, S 25–64

Mertens P (2006) Moden und Nachhaltigkeit in der Wirtschaftsinformatik. In: Mertens P (Hrsg.) Wirtschaftsinformatik I, Arbeitspapier Nr. 1/2006, Nürnberg, Universität Erlangen-Nürnberg

Niedereichholz C, Niedereichholz J (2013) Lean consulting – lean strategy. Oldenbourg, München

Nissen V, Seifert H (2016a) Virtualisierung in der Unternehmensberatung. https://www.bdu.de/media/217067/finale-studie_virtualisierung_tu-ilmenau_komplett-vn_v2.pdf. Zugegriffen: 23. Febr. 2019

Nissen V, Seifert H (2016b) Digitale Transformation in der Unternehmensberatung – Status Quo in Deutschland. In: Deelmann T, Ockel DM (Hrsg) Handbuch der Unternehmensberatung. Schmidt, Berlin, S 7312

Nissen V, Füßl A, Werth D, Gugler K, Neu C (2018) Zum aktuellen Stand der digitalen Transformation im deutschen Markt für Unternehmensberatung. https://www.bdu.de/media/352407/zum-aktuellen-stand-der-digitalen-transformation-im-deutschen-markt-fuer-unternehmensberatung.pdf. Zugegriffen: 23. Febr. 2019

o. V. (2005) Programm der DGSF-Jahrestagung 2005. http://www.zww.uni-oldenburg.de/systeme2005/programm/programm.htm. Zugegriffen: 6. Apr. 2009

Robert DB, Bradley TG (1989) Das PIMS-Programm – Strategien und Unternehmenserfolg. Gabler, Wiesbaden

Scheer C (2006) Kundenorientierter Produktkonfigurator. Logos, Berlin
Seebacher UG (2003) Template-driven consulting – how to slash more than half of your consulting costs. Springer, Berlin
Weizenbaum J (1966) ELIZA – a computer program for the study of natural language communication between man and machine. Communications of the ACM 9(1):36–45
Wenzel J (2008) Systemische Onlineberatung. http://www.systemische-onlineberatung.de/index.html. Zugegriffen: 6. Apr. 2009

Weiterführende Literatur

Für einen allgemeinen und breiten Überblick zur Unternehmensberatung:
Deelmann T, Ockel DM (Hrsg) (2015–2019) Handbuch der Unternehmensberatung. Schmidt, Berlin
Für eine Sammlung von Aufsätzen zur Digitalisierung in der Beratungsbranche:
Nissen V (Hrsg) (2018) Digital transformation of the consulting industry. Springer, Cham
Für eine Zusammenstellung und Kommentierung verschiedener empirischer Arbeiten:
Deelmann T (2018) Consulting in Zahlen, 5. Aufl. epubli, Berlin
Für (meist) kürzere und aktuelle Meldungen und Meinungen zu Branchenentwicklungen:
Verschiedene Online-Quellen bieten Kommentare, Meldungen und Meinungen – manchmal von Einzelpersonen, manchmal von Organisationen – zu aktuellen Branchenentwicklungen an, beispielsweise (Stand der Verfügbarkeit bzw. Aktivität: Dezember 2018): *Consultant Career Lounge* – Das führende Online-Magazin für die Karriere im Consulting (https://consultantcareerlounge.com/); *Consulting Fachmagazin* – Das Portal für Unternehmensberatung (https://www.consulting.de/); *ConsultingBay* (online unter: https://consultingbay.de/); *Consulting Life* (https://www.consulting-life.de/); *Die ConSULTANten* – Die verrückte Welt der Berater und Prüfer (Angebot der Zeitschrift WirtschaftsWoche, https://blog.wiwo.de/die-consultanten/); *Weyand schreibt* – Das Beraterblog (https://weyand-schreibt.com/)